Novelas Cortas para Aprender Italiano

Historias cortas en Italiano para principiantes

Davide Rossi

Aunque el autor y el editor han hecho todo lo posible para garantizar que la información presentada en este libro sea correcta en el momento actual, el autor y el editor no asumen y por lo tanto renuncian a cualquier responsabilidad ante cualquier parte por cualquier pérdida, daño o interrupción causada por errores u omisiones, ya sea que dichos errores u omisiones sean resultado de negligencia, accidente o cualquier otra causa.

Este libro se ha diseñado utilizando recursos de www.freepik.com

greenthumbpublishing@gmail.com

Contenido

Introducción

Leer en una lengua extranjera es una de las formas más eficaces de mejorar las habilidades lingüísticas y ampliar el vocabulario. Sin embargo, a veces puede ser difícil encontrar materiales de lectura atractivos y de un nivel adecuado que proporcionen una sensación de logro y de progreso. La mayoría de los libros y artículos escritos para hablantes nativos pueden ser demasiado largos y difíciles de entender o pueden tener un vocabulario de muy alto nivel, por lo que te sientes abrumado y te rindes. Si estos problemas le resultan familiares, ¡este libro es para usted!

Novelas Cortas para Aprender Italiano es una colección de 25 historias cortas poco convencionales y entretenidas que están diseñadas para ayudar a los estudiantes de Italiano de nivel principiante a intermedio a mejorar sus habilidades lingüísticas. Estas historias cortas crean un ambiente de apoyo a la lectura al incluir;

-contenido lingüístico rico en diferentes géneros para mantenerlo entretenido y exponerlo a una variedad de formas de palabras.
-Historias más cortas en capítulos para darle la satisfacción de terminar las historias y progresar rápidamente.
-Los textos están escritos a su nivel para que sean más fáciles de comprender y no abrumen.

Encontrarás la traducción al español en páginas alternas para que puedas consultarla directamente

línea por línea mientras lees la historia en Italiano.

El vocabulario clave aparece en negrita en la historia y en la traducción para ayudarle a entender más fácilmente las palabras que no conoce.

Preguntas para evaluar su comprensión de los acontecimientos clave y animarle a leer más a fondo.

Así que, tanto si quieres ampliar tu vocabulario como mejorar tu comprensión o simplemente leer por diversión, este libro es el mayor paso adelante que darás en tus estudios este año. Novelas Cortas para Aprender Italiano te dará todo el apoyo que necesitas, así que siéntate, relájate y deja volar tu imaginación mientras te transportas a un mundo mágico de aventuras, misterio e intriga... ¡en Italiano!

Cómo leer con eficacia

La lectura es un talento difícil de dominar. Utilizamos una serie de microhabilidades para ayudarnos a leer en nuestras lenguas maternas. Por ejemplo, podemos hojear un pasaje para entender a grandes rasgos el contenido. También podemos leer numerosas páginas de un horario de tren para buscar una hora o un lugar concretos. Mientras que estas microhabilidades son naturales cuando leemos en nuestra lengua materna, las investigaciones revelan que solemos olvidar la mayoría de ellas cuando leemos en una lengua extranjera. Cuando aprendemos una lengua extranjera, solemos empezar por el principio de un texto y nos abrimos paso a través de él, tratando de entender cada una de las palabras. Inevitablemente, nos encontramos con términos desconocidos o complejos y nos sentimos molestos por nuestra incapacidad para comprenderlos.

Una de las mayores ventajas de leer en una lengua extranjera es que se está expuesto a un gran número de frases y expresiones que se utilizan en situaciones cotidianas. La lectura extensiva es un término utilizado para describir la lectura por placer con el fin de aprender un idioma. No es como la lectura de un libro de texto, cuando las conversaciones o los textos están diseñados para ser leídos lenta y cuidadosamente con el objetivo de comprender cada palabra. "Lectura intensiva" se refiere a la lectura que se realiza para alcanzar objetivos específicos de aprendizaje o

completar tareas. Dicho de otro modo, la lectura intensiva de libros de texto suele ayudar al aprendizaje de reglas gramaticales y vocabulario concreto, pero la lectura extensiva de cuentos ayuda al aprendizaje del lenguaje natural.

Aunque es posible que haya comenzado su viaje de aprendizaje de idiomas únicamente con libros de texto, le ofreceremos la oportunidad de aprender más sobre la lengua inglesa natural en uso. A continuación le ofrecemos algunas indicaciones que debe tener en cuenta al leer las historias de este libro para sacar el máximo provecho de ellas: Cuando se trata de leer, el disfrute y la sensación de logro son fundamentales. Uno sigue volviendo a por más porque disfruta con lo que lee. Leer cada historia de principio a fin es la mejor manera de disfrutar de la lectura de historias y sentirse realizado. Por eso, lo más importante es llegar al final de una historia. De hecho, es más crucial que saberse todas las palabras.

Cuanto más leas, más conocimientos adquirirás. Si lees libros largos por placer, comprenderás rápidamente cómo funciona el Italiano. Sin embargo, ten en cuenta que para obtener todos los beneficios de la lectura extensiva, primero debes leer un volumen suficientemente importante. Leer unas pocas páginas aquí y allá puede enseñarle algunas palabras nuevas, pero no supondrá una diferencia significativa en su nivel general de Italiano.

La guía de lectura

Para aprovechar al máximo la lectura de Short Stories in English for Intermediate Learners, lo mejor será que sigas este sencillo proceso de lectura en seis pasos para cada capítulo de los cuentos:

Lee el título del capítulo. Piensa en qué podría tratarse la historia. A continuación, lee la historia hasta el final. Tu objetivo es simplemente llegar al final de la historia. Por tanto, no te detengas a buscar palabras y no te preocupes si hay cosas que no entiendes. Simplemente intenta seguir la trama.

Cuando llegues al final de la historia, escudriña la traducción al español para ver si has entendido lo que ha sucedido y recoge el contexto que hayas podido perder.

Vuelve a leer la misma historia. Si quieres, puedes centrarte más en los detalles de la historia que antes, pero si no, simplemente vuelve a leerla.

A continuación, trabaja con las Comprehension Questionsen Italiano para comprobar que has entendido los acontecimientos clave de la historia. Si no entiendes del todo las preguntas, no te preocupes. Utiliza tus conocimientos para responder lo mejor posible.

Llegados a este punto, debería comprender en cierta medida los principales acontecimientos del capítulo. Si no es así, puedes releer el capítulo varias veces

utilizando la traducción para comprobar las palabras y frases desconocidas hasta que te sientas seguro.

Una vez que esté preparado y confíe en que entiende lo que ha sucedido -ya sea después de una o varias lecturas de la historia-, pase a la siguiente historia y siga disfrutando de ella a su propio ritmo, como haría con cualquier otro libro. Sólo una vez que haya completado una historia en su totalidad, debería considerar la posibilidad de volver atrás y estudiar el lenguaje de la historia con más profundidad, si así lo desea. O, en lugar de preocuparse por entenderlo todo, tómese el tiempo necesario para concentrarse en todo lo que ha entendido y felicitarse por todo lo que ha hecho.

Novelas Cortas
para Aprender Italiano

Davide Rossi

Un giorno a Roma

La giornata è **iniziata** presto per Roma. Il sole è
sorto sulla città, proiettando un caldo bagliore sugli
antichi edifici e sulle strade. C'era una **sensazione**
di eccitazione nell'aria, mentre la gente cominciava a
svegliarsi e a prepararsi per la giornata che l'attendeva.
Per alcuni, sarebbe stata una giornata trascorsa a
esplorare tutto ciò che Roma aveva da offrire: la sua
ricca storia, l'arte e la **cultura**. Per altri, invece, sarebbe
stata una giornata più rilassata, magari gustando un
pasto tranquillo o ammirando i **panorami da** uno dei
tanti punti **panoramici** della città. Ma qualunque fosse il
loro programma, tutti erano d'accordo che oggi sarebbe
stata una giornata speciale. Con l'avvicinarsi **del
mezzogiorno**, il suono delle campane in tutta Roma
segnalò che era giunto il momento di dirigersi **verso**
Piazza San Pietro.

Qui, Papa Francesco si è rivolto ai presenti prima
di guidarli in una **processione** attraverso alcuni dei
luoghi più iconici di Roma: Il **Colosseo**, la Città del
Vaticano e infine la Fontana di Trevi, dove avrebbe
benedetto i presenti. Si preannunciava un'esperienza
indimenticabile per tutti i partecipanti! Con il passare
della giornata, Roma ha iniziato a riempirsi di persone
provenienti da tutto il mondo, desiderose di **vedere**
Papa Francesco. L'atmosfera era elettrica, mentre tutti
aspettavano il suo arrivo. Quando finalmente è apparso,
la folla lo ha acclamato con grande entusiasmo mentre
si dirigeva verso Piazza San Pietro. **Di tanto in tanto
si è** fermato a parlare con i **presenti**, prendendo tempo

Un día en Roma

El día **comenzó** temprano para Roma. El sol se
elevaba sobre la ciudad, proyectando un cálido
resplandor sobre los antiguos edificios y calles. Había
una **sensación** de entusiasmo en el aire, ya que la
gente empezaba a moverse y a prepararse para el día
que se avecinaba. Para algunos, sería un día dedicado
a explorar todo lo que Roma ofrece: su rica historia,
su arte y su **cultura**. Para otros, sería un asunto más
relajado, tal vez disfrutando de una comida tranquila
o disfrutando de las **vistas** desde uno de los muchos
puntos de **vista** de la ciudad. Pero sean cuales sean
sus planes, todos estaban de acuerdo en que el día
de hoy iba a ser especial. Al acercarse **el mediodía**,
el sonido de las campanas de Roma indicaba que era
hora de **dirigirse a la** Plaza de San Pedro.

Aquí, el Papa Francisco se dirigirá a los reunidos antes
de dirigirlos en una **procesión** por algunos de los
lugares más emblemáticos de Roma: El **Coliseo**, la
Ciudad del Vaticano y, finalmente, la Fuente de Trevi,
donde bendecirá a los presentes. Prometía ser una
experiencia **inolvidable** para todos los participantes. A
medida que avanzaba el día, Roma comenzó a llenarse
de gente de todo el mundo, ansiosa por **ver al** Papa
Francisco. El ambiente era electrizante mientras todos
esperaban su llegada. Cuando finalmente apareció,
la multitud lo aclamó con fuerza mientras se dirigía a
la Plaza de San Pedro. Se detuvo **de vez en cuando**
para hablar con los **reunidos**, tomándose tiempo
para escuchar sus historias y ofrecerles palabras

per ascoltare le loro storie e offrire parole di saggezza e incoraggiamento. Il suo calore e la sua gentilezza erano evidenti a tutti ed era chiaro che si stava divertendo immensamente. Dopo aver trascorso un po' di tempo in piazza, Papa Francesco ha guidato la **processione** per le strade di Roma, fermandosi periodicamente per benedire coloro che si trovavano lungo il percorso.

L'intera città sembrava viva di eccitazione: è stata davvero un'**esperienza** unica nella vita! Al calar della sera, Papa Francesco ha fatto ritorno a Città **del Vaticano**, dove avrebbe trascorso la notte. Ma prima di farlo, si è fermato alla Fontana di Trevi, dove ha benedetto i presenti prima di guidarli in una preghiera. È stato un momento **emozionante** per molti, che hanno riflettuto sull'incredibile giornata trascorsa. Per alcuni sarà un **ricordo che conserveranno** per sempre; altri porteranno con sé le lezioni apprese o le nuove amicizie nate durante il loro soggiorno a Roma. Ma una cosa è certa: questa è stata una giornata unica. Quando il sole è tramontato su Roma, nell'aria si respirava una sensazione di felicità e soddisfazione. Era stata una giornata **indimenticabile**, che sarebbe rimasta a lungo nella **memoria** di tutti coloro che avevano avuto la fortuna di viverla. E così la giornata si è conclusa. Ma per coloro che erano presenti, è stata una giornata che non dimenticheranno mai.

de sabiduría y ánimo. Su calidez y amabilidad eran evidentes para todos, y estaba claro que estaba disfrutando enormemente. Después de pasar un rato en la plaza, el Papa Francisco encabezó la **procesión** por las calles de Roma, deteniéndose periódicamente para bendecir a los que hacían el recorrido.

Toda la ciudad parecía estar llena de emoción: ¡fue una **experiencia** única en la vida! Al caer la tarde, el Papa Francisco regresó a la Ciudad **del Vaticano,** donde pasaría la noche. Pero antes de hacerlo, se detuvo en la Fontana di Trevi, donde bendijo a los que se habían reunido allí antes de dirigirlos en una oración. Fue un momento **emotivo** para muchos, que reflexionaron sobre lo increíble que había sido el día. Para algunos, sería un **recuerdo** que conservarían para siempre; otros se llevarían lecciones aprendidas o nuevas amistades formadas durante su estancia en Roma. Pero una cosa es cierta: fue un día único. Al ponerse el sol en Roma, se respiraba un sentimiento de felicidad y satisfacción en el aire. Había sido un día **inolvidable**, que perduraría en la **memoria** de todos los que habían tenido la suerte de vivirlo. Y así, el día llegó a su fin. Pero para los que estuvieron allí, fue un día que nunca olvidarán.

Domande di comprensione

1. Quali erano le cose che le persone facevano per prepararsi alla giornata?

2. Cosa significava il suono delle campane?

3. Dove il Papa avrebbe guidato la processione?

4. Come ha fatto Papa Francesco ad attraversare la città?

5. Che atmosfera si respirava a Roma?

6. Qual è stato il comportamento del Papa?

7. Che cosa ha fatto il Papa alla fine della giornata?

8. Che cosa si provava in città quando la giornata volgeva al termine?

9. Quale sarebbe il ricordo duraturo per coloro che hanno vissuto questa giornata?

Preguntas de comprensión

1. ¿Cuáles fueron algunas de las cosas que la gente hizo para prepararse para el día?

2. ¿Qué significaba el sonido de las campanas?

3. ¿Dónde iba a dirigir el Papa la procesión?

4. ¿Cómo ha recorrido el Papa Francisco la ciudad?

5. ¿Cómo era el ambiente en Roma?

6. ¿Cuál era el comportamiento del Papa?

7. ¿Qué hizo el Papa al final del día?

8. ¿Qué sensación había en la ciudad cuando el día llegaba a su fin?

9. ¿Cuál sería el recuerdo duradero para los que vivieron la jornada?

Una passeggiata a Venezia

La prima volta che ho visto Venezia è stato in una calda giornata estiva. Il sole splendeva e il cielo era azzurro. Camminavo per le strade strette, **ammirando** la bella **architettura** e chiedendomi come sarebbe stato vivere in un posto del genere. Arrivai a una piccola piazza al cui centro c'era una fontana. Intorno alla fontana c'erano diversi caffè e ristoranti con posti a sedere all'aperto. Mi sedetti a uno dei tavoli e ordinai un caffè. Mentre sorseggiavo il caffè, osservavo la gente che passava e mi meravigliavo di quanto questa città fosse diversa da qualsiasi altro posto in cui fossi mai stata. Dopo aver finito il caffè, ho **continuato a** esplorare Venezia. Ho camminato attraverso **vicoli** tortuosi e ponti sui canali. Ogni svolta sembrava rivelare **qualcosa di** nuovo e interessante. Alla fine cominciò a calare la notte e mi ritrovai di nuovo nella piazza dove avevo iniziato la mia passeggiata ore prima. Guardando tutte le luci che scintillavano nell'**oscurità**, mi sono reso conto che non c'è nessun altro posto come Venezia. È davvero unica tra le città.

Sono tornata a **Venezia** molte volte nel corso degli anni e mi è sempre sembrata un luogo fuori dal tempo. Camminando per le sue strade, mi sembrava di essere stato **trasportato in un'**altra epoca. Una sera, mentre passeggiavo lungo uno dei canali, ho sentito qualcuno che suonava della musica. Sembrava un **pianoforte** proveniente da una delle case vicine. Seguii il suono

Un paseo por Venecia

La primera vez que vi Venecia fue en un cálido día de verano. El sol brillaba y el cielo era azul. Caminé por las estrechas calles, **admirando** la hermosa **arquitectura** y preguntándome cómo sería vivir en un lugar así. Llegué a una pequeña plaza donde había una fuente en el centro. Alrededor de la fuente había varios cafés y restaurantes con asientos al aire libre. Me senté en una de las mesas y pedí un café. Mientras lo tomaba, observé a la gente que pasaba y me maravillé de lo diferente que era esta ciudad de cualquier otro lugar en el que hubiera estado. Después de terminar mi café, **seguí** explorando Venecia. Caminé por **callejones** sinuosos y por puentes sobre canales. Cada giro parecía revelar **algo** nuevo e interesante. Finalmente, la noche empezó a caer y me encontré de nuevo en la plaza donde había empezado mi paseo horas antes. Mientras miraba a mi alrededor todas las luces que parpadeaban en la **oscuridad**, me di cuenta de que no hay ningún otro lugar como Venecia. Es realmente única entre las ciudades.

He vuelto a **Venecia** muchas veces a lo largo de los años, y siempre me ha parecido un lugar fuera del tiempo. Caminando por sus calles, me sentía como si me hubiera **transportado** a otra época. Una noche, mientras paseaba por uno de los canales, oí que alguien tocaba música. Parecía un **piano que** salía

fino ad arrivare a una piccola porta incastonata in un muro. La porta era leggermente aperta e attraverso di essa potei vedere un uomo seduto a un pianoforte in una stanza vuota. Mentre suonava, l'uomo sembrava perso nel suo mondo. Non si accorse che stavo lì a guardarlo. Dopo un po' si alzò e uscì dalla stanza senza voltarsi. Quel momento mi è rimasto impresso negli anni. Era come se Venezia stessa avesse raggiunto e toccato la mia anima con la sua **magia**. Ora, ogni volta che penso a Venezia, ricordo quell'uomo che suonava il pianoforte in una stanza vuota. E non posso fare a meno di **chiedermi** quale sia la sua storia. Chi è e perché suona la musica in quella casa solitaria? Mi piace immaginare che sia un musicista che un tempo ha avuto una grande **carriera**, ma che ora è stato dimenticato dal mondo.

Continua a suonare perché gli dà gioia, anche se non c'è più un **pubblico** che lo ascolti. Nella mia mente, la sua musica riempie le stanze vuote della sua casa e riecheggia tra i **canali di** Venezia. È un suono bellissimo che solo chi si prende il tempo di ascoltare può sentire. Un giorno **decisi di** tornare a cercare la casa di quell'uomo. Mi ci volle un po', ma alla fine la trovai in un angolo tranquillo di **Venezia**. All'interno non c'era alcun segno di vita e la porta era chiusa. Rimasi lì a lungo, chiedendomi cosa **ne fosse stato** dell'uomo che un tempo suonava la musica **in modo** così **bello** in quella stanza vuota. Poi, proprio mentre stavo per andarmene, sentii un debole suono provenire dall'interno della casa.

de una de las casas cercanas. Seguí el sonido hasta
que llegué a una pequeña puerta empotrada en una
pared. La puerta estaba ligeramente abierta y a través
de ella pude ver a un hombre sentado al piano en una
habitación vacía. Mientras tocaba, el hombre parecía
perdido en su propio mundo. No se dio cuenta de
que yo estaba allí **mirándolo**. Después de un rato,
se levantó y salió de la habitación sin mirar atrás. Ese
momento me ha acompañado durante años. Fue como
si la propia Venecia me hubiera tocado el alma con
su **magia**. Ahora, cada vez que pienso en Venecia,
recuerdo a aquel hombre tocando el piano en una
habitación vacía. Y no puedo evitar **preguntarme** cuál
es su historia. ¿Quién es y por qué toca música en esa
casa solitaria? Me gusta imaginar que es un músico
que en su día tuvo una gran **carrera**, pero que ahora
ha sido olvidado por el mundo.

Sigue tocando porque le produce alegría, aunque ya no
haya **público** que le escuche. En mi mente, su música
llena las habitaciones vacías de su casa y resuena
en los **canales** de Venecia. Es un sonido hermoso
que sólo pueden oír quienes se toman el tiempo de
escuchar. Un día, **decidí** volver a buscar la casa del
hombre. Me llevó un tiempo, pero finalmente la localicé
en un rincón tranquilo de **Venecia**. No había señales de
vida en el interior y la puerta estaba cerrada. Me quedé
allí durante mucho tiempo, preguntándome qué habría
sido de aquel hombre que una vez tocó la música
tan **maravillosamente** en aquella habitación vacía.
Entonces, justo cuando estaba a punto de marcharme,
oí un débil sonido procedente del interior de la casa.

Domande di comprensione

1. Qual è la prima impressione del protagonista su Venezia?

2. Cosa pensa il protagonista della gente di Venezia?

3. Cosa fa il protagonista quando sente la musica del pianoforte?

4. Dove si trova la casa dell'uomo?

5. Cosa pensa il protagonista che possa essere successo all'uomo?

6. Qual è l'opinione del protagonista sulla musica?

7. Cosa fa il protagonista quando non riesce a trovare l'uomo?

8. Cosa pensa il protagonista dell'architettura di Venezia?

9. Cosa ordina il protagonista al caffè?

Preguntas de comprensión

1. ¿Cuál es la primera impresión del protagonista sobre Venecia?

2. ¿Qué piensa el protagonista de la gente de Venecia?

3. ¿Qué hace el protagonista cuando escucha la música del piano?

4. ¿Dónde se encuentra la casa del hombre?

5. ¿Qué cree el protagonista que puede haberle ocurrido al hombre?

6. ¿Cuál es la opinión del protagonista sobre la música?

7. ¿Qué hace el protagonista cuando no encuentra al hombre?

8. ¿Qué piensa el protagonista de la arquitectura de Venecia?

9. ¿Qué pide el protagonista en el café?

Esplorare Firenze

Ho sempre desiderato esplorare Firenze e finalmente ne ho colto l'**occasione** quando ho **studiato all'**estero in Italia. La città è ricca di arte e di storia ed ero entusiasta di vedere tutto ciò che aveva da offrire. La mia prima tappa è stata il **Duomo**, una cattedrale assolutamente straordinaria. Poi ho passeggiato per il centro della città, ammirando tutte le bellezze architettoniche. Mi sono anche assicurata di visitare alcuni **musei**, tra cui la Galleria degli Uffizi, dove si possono ammirare alcuni dei famosi dipinti di Michelangelo. Nel complesso, **Firenze** è stata un'esperienza incredibile e sono molto contenta di averla esplorata! Il giorno dopo mi sono alzata presto, desiderosa di esplorare meglio **Firenze**. Ho iniziato passeggiando di nuovo per il centro della città, ammirando tutti i bellissimi edifici e le sculture. Poi mi sono recata al **Giardino** di Boboli, che è assolutamente stupendo. Poi ho **visitato** Palazzo Pitti, un enorme palazzo che ospitava alcune delle famiglie più potenti di Firenze.

Infine, ho concluso la giornata con una passeggiata attraverso uno dei famosi ponti di Firenze, il Ponte Vecchio. È stata un'esperienza **incredibile** e non vedo l'ora di tornarci! Il giorno successivo, ho deciso di esplorare alcuni dei quartieri più piccoli di **Firenze**. Ho iniziato in Oltrarno, noto per i suoi artigiani e negozi. Mi sono poi recata a San Niccolò, dove si può godere di una splendida vista della città dalla cima di una delle sue colline. Infine, ho concluso la giornata a

Explorando Florencia

Siempre había querido explorar Florencia, y finalmente aproveché la **oportunidad** cuando estaba **estudiando** en Italia. La ciudad está llena de arte e historia, y me entusiasmaba ver todo lo que tenía que ofrecer. Mi primera parada fue **el Duomo,** una catedral absolutamente impresionante. Luego paseé por el centro de la ciudad, admirando toda la hermosa arquitectura. También me aseguré de visitar algunos de los **museos**, como la Galería Uffizi, donde se pueden ver algunos de los famosos cuadros de Miguel Ángel. En general, **Florencia** fue una experiencia increíble, y estoy muy contenta de haber podido explorarla. Al día siguiente me levanté temprano, con ganas de seguir explorando **Florencia**. Empecé a pasear de nuevo por el centro de la ciudad, admirando todos los hermosos edificios y esculturas. Luego me dirigí a los **Jardines** de Boboli, que son absolutamente impresionantes. Después **visité** el Palacio Pitti, un enorme palacio que solía albergar a algunas de las familias más poderosas de Florencia.

Por último, terminé mi día con un paseo por uno de los famosos puentes de Florencia: el Ponte Vecchio. Fue una experiencia increíble y estoy deseando volver. Al día siguiente, decidí explorar algunos de los barrios más pequeños de **Florencia**. Empecé por Oltrarno, conocido por sus artesanos y tiendas. Luego me dirigí a San Niccolo, desde donde se puede obtener una gran vista de la ciudad desde lo alto de una de sus

Santo Spirito, un bellissimo **quartiere** con molti caffè e ristoranti. È stata un'esperienza incredibile vedere tutti i lati di Firenze e sono così grata di aver avuto l'opportunità di farlo!

Il mio soggiorno a **Firenze** stava per finire, ma avevo ancora alcuni luoghi da esplorare. Ho iniziato il mio ultimo giorno con una visita a Palazzo **Vecchio**, uno degli edifici più famosi della città. Poi ho passeggiato per il Mercato Nuovo, dove si possono trovare tutti i tipi di oggetti interessanti in vendita. Infine, ho concluso la giornata con una passeggiata in Piazza della **Signoria**, che ospita alcune delle **sculture** più iconiche di Firenze. È stata un'esperienza incredibile e sono molto contenta di essere riuscita a vedere tutto ciò che Firenze ha da offrire! Mi sono divertita **moltissimo** a esplorare Firenze e sono molto grata di aver avuto l'opportunità di farlo. La città è piena di arte, storia e cultura e mi è piaciuto molto poterla visitare. Se avete la possibilità di visitare Firenze, ve lo **consiglio**.

colinas. Por último, terminé el día en **Santo** Spirito, un hermoso **barrio** con muchos cafés y restaurantes. Fue una experiencia increíble poder ver todos los lados de Florencia, y estoy muy agradecida de haber tenido la oportunidad de hacerlo.

Mi estancia en **Florencia llegaba a su** fin, pero aún me quedaban algunos lugares por explorar. Empecé mi último día con una visita al Palazzo **Vecchio**, que es uno de los edificios más famosos de la ciudad. Después, paseé por el Mercato Nuovo, donde se pueden encontrar todo tipo de cosas interesantes a la venta. Por último, terminé mi día con un paseo por la Piazza della **Signoria**, que alberga algunas de las **esculturas** más emblemáticas de Florencia. Fue una experiencia increíble, y estoy muy contenta de haber podido ver todo lo que Florencia tiene que ofrecer. Me lo pasé muy bien explorando Florencia y estoy muy agradecida por haber tenido la oportunidad de hacerlo. La ciudad está llena de arte, historia y cultura, y me encantó poder experimentarlo todo. Si alguna vez tienes la oportunidad de visitar Florencia, **te** lo **recomiendo**.

Domande di comprensione

1. Qual è stata la prima tappa del tour dell'autore a Firenze?

2. Quali sono i dipinti più famosi della Galleria degli Uffizi?

3. Che cos'è Palazzo Pitti?

4. Che cos'è il Ponte Vecchio?

5. Per cosa è conosciuto l'Oltrarno?

6. Qual è il modo migliore per vedere Firenze?

7. Che cos'è Palazzo Vecchio?

8. Che cos'è il Mercato Nuovo?

9. Che cos'è Piazza della Signoria?

10. Perché l'autore consiglia di visitare Firenze?

Preguntas de comprensión

1. ¿Cuál fue la primera parada del autor en su recorrido por Florencia?

2. ¿Cuáles son los cuadros más famosos de la Galería de los Uffizi?

3. ¿Qué es el Palacio Pitti?

4. ¿Qué es el Ponte Vecchio?

5. ¿Por qué es conocido Oltrarno?

6. ¿Cuál es la mejor manera de ver Florencia?

7. ¿Qué es el Palazzo Vecchio?

8. ¿Qué es el Mercato Nuovo?

9. ¿Qué es la Piazza della Signoria?

10. ¿Por qué recomienda el autor visitar Florencia?

Scoprire la Sardegna

La prima volta che ho sentito parlare della Sardegna
è stato quando una mia amica mi ha raccontato del
suo viaggio lì. Mi ha **mostrato le** foto delle bellissime
spiagge e dell'acqua cristallina. Sembrava un paradiso.
Sapevo che un giorno sarei dovuta andare lì. Qualche
anno dopo, ho finalmente fatto il grande passo e ho
prenotato un biglietto per la Sardegna. Non sono
rimasta **delusa**. L'isola era ancora più bella di quanto
immaginassi. Le spiagge erano stupende e la gente
era così **cordiale**. Mi sembrava di aver scoperto
una gemma nascosta. Ho trascorso le mie giornate
esplorando l'isola, nuotando nell'acqua cristallina e
rilassandomi sulla spiaggia con un buon libro. Era
davvero un luogo magico che non dimenticherò mai.
Un giorno, mentre **esploravo** una piccola città, mi
sono imbattuta in un negozio che vendeva gioielli
fatti a mano. I pezzi erano così belli e unici. Mi sono
innamorata di un paio di orecchini di corallo sardo.
Sapevo di doverli avere.

Ho trascorso ore nel negozio, provando **diversi** pezzi
e chiacchierando con la proprietaria. Mi ha raccontato
della storia della Sardegna e di come l'isola sia stata
tramandata per **generazioni dalla** sua famiglia. È
stato affascinante conoscere questo luogo che ho
imparato ad amare così tanto. Quando il mio viaggio si
è concluso, mi sono sentita triste per la partenza, ma
anche grata per aver vissuto un luogo così speciale. La
Sardegna occuperà sempre un posto speciale nel mio
cuore. Qualche settimana dopo il mio ritorno a casa

Descubrir Cerdeña

La primera vez que oí hablar de Cerdeña fue cuando mi amiga me contó su viaje allí. Me **enseñó** fotos de las hermosas **playas** y del agua azul y transparente. Parecía el paraíso. Sabía que tenía que ir allí algún día. Unos años más tarde, por fin me animé y reservé un billete a Cerdeña. No **me decepcionó**. La isla era aún más hermosa de lo que imaginaba. Las playas eran impresionantes y la gente muy **amable**. Me sentí como si hubiera descubierto una joya oculta. Me pasé los días explorando la isla, nadando en las aguas cristalinas y relajándome en la playa con un buen libro. Era un lugar realmente mágico que nunca olvidaré. Un día, mientras **exploraba** un pequeño pueblo, me encontré con una tienda que vendía joyas **hechas a mano**. Las piezas eran muy bonitas y únicas. Me enamoré de un par de pendientes de coral sardo. Supe que tenía que tenerlos.

Acabé pasando horas en la tienda, probándome **diferentes** piezas y charlando con la propietaria. Me habló de la historia de Cerdeña y de cómo la isla ha pasado por **generaciones** de su familia. Fue fascinante conocer este lugar que tanto me gustaba. Cuando mi viaje llegó a su fin, me sentí triste por irme, pero también agradecida por haber conocido un lugar tan especial. Cerdeña siempre ocupará un lugar especial en mi corazón. Unas semanas después de volver a casa de **Cerdeña**, empecé a sentirme mal. Tenía fiebre y me sentía muy cansada todo el tiempo. Mi médico me diagnosticó malaria y me dijo que debía haberla

dalla **Sardegna**, ho iniziato a sentirmi male. Avevo la febbre e mi sentivo sempre molto stanca. Il mio medico mi diagnosticò la malaria e mi disse che dovevo averla contratta durante il viaggio. Fortunatamente, grazie alle cure, mi sono **ripresa** completamente, ma è stata un'esperienza spaventosa. Mi ha fatto capire quanto sono fortunata a essere viva e in salute. E mi ha fatto **apprezzare** ancora di più la Sardegna.

 Nonostante il pericolo di contrarre la malaria, ci tornerei subito perché la Sardegna è davvero un posto **incredibile**. Ogni volta che guardo i miei orecchini di corallo sardo, mi viene in mente il mio magico viaggio sull'isola. Mi **ricordano la** bellezza della Sardegna e le persone fantastiche che ho incontrato lì. Ogni volta che li indosso, mi sembra di essere **trasportata in** quel luogo speciale. La Sardegna avrà sempre un posto speciale nel mio cuore. È un luogo di cui mi sono innamorata a prima vista e che racchiude tanti ricordi per me. Sono grata di aver avuto l'**opportunità** di visitare quest'isola straordinaria e spero di tornarci presto. Mi sono svegliata al suono delle onde che si infrangevano sulla riva.

Aprii gli occhi e fui accolto da uno spettacolo bellissimo. Il sole stava sorgendo all'orizzonte, proiettando un bagliore rosa e arancione nel cielo. L'acqua sembrava una lastra di vetro che **rifletteva** i colori dell'alba. Mi alzai dal letto e uscii fuori. L'aria era calda e profumava di salsedine. Feci un respiro profondo e sentii il mio corpo rilassarsi. Sarebbe stata un'altra giornata perfetta in **Sardegna**. Trascorsi la mattinata **esplorando** la piccola città in cui alloggiavo.

contraído durante el viaje. Afortunadamente, con el tratamiento, **me recuperé** por completo, pero fue una experiencia aterradora. Me hizo darme cuenta de la suerte que tengo de estar vivo y sano. También me hizo **apreciar** aún más Cerdeña.

 A pesar del peligro de contraer malaria, volvería sin pensarlo dos veces porque Cerdeña es un lugar realmente **increíble**. Cada vez que miro mis pendientes de coral sardo, me acuerdo de mi mágico viaje a la isla. Son un **recuerdo** de la belleza de Cerdeña y de la gente increíble que conocí allí. Cada vez que me los pongo, me siento **transportada** a ese lugar tan especial. Cerdeña siempre tendrá un lugar especial en mi corazón. Es un lugar del que me enamoré a primera vista y que guarda tantos recuerdos para mí. Estoy agradecida por haber tenido la **oportunidad** de visitar esta increíble isla, y espero volver algún día. Me desperté con el sonido de las olas rompiendo contra la orilla.

Abrí los ojos y me encontré con la vista más hermosa. El sol acababa de salir por el horizonte, proyectando un resplandor rosa y naranja en el cielo. El agua parecía una lámina de cristal **que reflejaba** los colores del amanecer. Me levanté de la cama y salí. El aire era cálido y olía a sal del mar. Respiré profundamente y sentí que mi cuerpo se relajaba. Iba a ser otro día perfecto en **Cerdeña**. Pasé la mañana **explorando** el pequeño pueblo en el que me alojaba. Todas las calles estaban llenas de casas de colores y las flores florecían por todas partes. Había muchas tiendecitas que vendían joyas, ropa y recuerdos hechos a mano.

Domande di comprensione

1. Che cosa le ha mostrato l'amica della protagonista?

2. Cosa pensa il protagonista della Sardegna?

3. Cosa prova il protagonista nei confronti della Sardegna?

4. Cosa fa il protagonista sull'isola?

5. Cosa pensa il protagonista dei gioielli del negozio?

6. Cosa compra il protagonista nel negozio?

7. Cosa pensa il protagonista del proprietario del negozio?

8. Cosa impara il protagonista dal proprietario del negozio?

9. Cosa prova il protagonista nel lasciare la Sardegna?

Preguntas de comprensión

1. ¿De qué le enseñó fotos la amiga de la protagonista?

2. ¿Qué pensaba el protagonista de Cerdeña?

3. ¿Qué siente el protagonista por Cerdeña?

4. ¿Qué hace el protagonista en la isla?

5. ¿Qué piensa el protagonista de las joyas de la tienda?

6. ¿Qué compra el protagonista en la tienda?

7. ¿Qué piensa el protagonista del dueño de la tienda?

8. ¿Qué aprende el protagonista del dueño de la tienda?

9. ¿Cómo se siente el protagonista al dejar Cerdeña?

La Costiera Amalfitana

La Costiera Amalfitana è uno dei luoghi più **belli** del mondo. Le scogliere, il mare e i villaggi creano uno scenario straordinario. Non c'è da stupirsi che molte persone vengano qui in vacanza. Una di queste è Anna, venuta dall'**America** per trascorrere un po' di tempo sulla costa. Sognava di venire qui da anni e finalmente è riuscita a realizzarlo. Arriva a Napoli e prende un autobus per Amalfi, dove rimarrà per due settimane. Appena scesa dall'autobus, Anna è **ipnotizzata dalla** bellezza dell'ambiente circostante. Si **aggira** per la città, cogliendo tutti i panorami e i suoni di questo luogo magico. Dopo qualche ora di esplorazione, si ritrova in un caffè **con vista sull'**oceano. Ordina un caffè e si siede per godersi il panorama.

Mentre Anna siede al caffè, osserva la gente e osserva tutte le diverse culture rappresentate. Vede **coppie** che si tengono per mano, famiglie che giocano sulla spiaggia e amici che ridono davanti a un drink. Tutti sembrano divertirsi e Anna non può fare a meno di sentirsi felice anche solo per il fatto di essere qui. Dopo un po' **decide di** tornare in **albergo** per riposare un po' prima di cena. Mentre cammina per la città, nota che ci sono molti negozietti che vendono souvenir e ninnoli. Guarda le vetrine per un po' prima di tornare in camera.

Più tardi, quella sera, Anna esce a cena con alcuni nuovi amici conosciuti al bar della hall dell'hotel. Si divertono a parlare e a **ridere** durante il pasto. Poi

La Costa de Amalfi

La Costa de Amalfi es uno de los lugares más **bellos** del mundo. Los acantilados, el mar y los pueblos conforman un entorno impresionante. No es de extrañar que tanta gente venga aquí de vacaciones. Una de ellas es Anna, que ha venido desde **Estados Unidos** para pasar una temporada en la costa. Lleva años soñando con venir aquí, y por fin lo ha conseguido. Llega a Nápoles y toma un autobús hasta Amalfi, donde se quedará dos semanas. Nada más bajarse del autobús, Anna queda **fascinada** por la belleza de su entorno. Se **pasea** por la ciudad, admirando todas las vistas y sonidos de este lugar mágico. Tras unas horas de exploración, se encuentra en una cafetería **con vistas** al mar. Pide un café y se sienta a disfrutar de las vistas.

Mientras Anna se sienta en la cafetería, observa a la gente y se fija en las diferentes culturas representadas. Ve a las **parejas** cogidas de la mano, a las familias que juegan en la playa y a los amigos que ríen mientras toman una copa. Todo el mundo parece divertirse, y Anna no puede evitar sentirse feliz por el mero hecho de estar aquí. Después de un rato, **decide** volver a su **hotel** y descansar un poco antes de la cena. Mientras camina por la ciudad, se da cuenta de que hay muchas tiendas que venden recuerdos y baratijas. Mira los escaparates durante un rato antes de volver a su habitación.

fanno una passeggiata sul lungomare e ammirano gli **edifici** illuminati e l'acqua scintillante. È stata una giornata incredibile e Anna si è già innamorata di questo posto. Nei giorni successivi, Anna trascorre il suo tempo esplorando altri luoghi di Amalfi e le città vicine, come Positano e Ravello. Fa escursioni sui fianchi delle montagne ricoperte di **fiori**, nuota in acque cristalline, mangia cibi **deliziosi** e semplicemente si gode ogni momento della sua vacanza. La Costiera Amalfitana ha superato tutte le sue **aspettative** e sa che ricorderà per sempre questo viaggio con affetto. Troppo presto, però, la vacanza di Anna giunge al termine.

Fa le valigie e torna all'aeroporto, triste per la partenza ma anche **entusiasta** per tutti i meravigliosi ricordi che ha costruito. Guardando fuori dal **finestrino dell'**aereo, vede la Costiera Amalfitana **scomparire** in lontananza. Sa che non manca molto al suo ritorno. Qualche mese dopo, Anna è tornata a casa, in America. Racconta ad amici e parenti del suo fantastico viaggio in Costiera Amalfitana. **Mostra** loro le foto e racconta le storie di tutti i luoghi **meravigliosi** che ha visitato. Tutti sono così gelosi di non aver potuto andare con lei, ma Anna sa che avrà sempre un posto speciale nel suo cuore per questo luogo magico.

Esa misma noche, Anna sale a cenar con unos nuevos amigos que ha conocido en el bar del vestíbulo del hotel. Se lo pasan muy bien hablando y **riendo** durante la cena. Después, van a dar un paseo por el paseo marítimo, donde contemplan los **edificios** iluminados y el agua brillante. Ha sido un día increíble, y Anna ya se está enamorando de este lugar. Durante los días siguientes, Anna se dedica a explorar más Amalfi y las ciudades cercanas, como Positano y Ravello. Sube por las laderas de las montañas cubiertas de **flores**, se baña en aguas cristalinas, come **deliciosos** platos y simplemente disfruta de cada momento de sus vacaciones. La Costa de Amalfi ha superado todas sus **expectativas**, y sabe que siempre recordará este viaje con cariño. Demasiado pronto, las vacaciones de Anna llegan a su fin.

Hace las maletas y se dirige al aeropuerto, sintiéndose triste por irse pero también **emocionada** por todos los maravillosos recuerdos que ha creado. Al mirar por **la ventanilla** del avión, ve la costa de Amalfi **que se pierde** en la distancia. Sabe que no tardará mucho en volver. Unos meses más tarde, Anna está de vuelta en casa, en Estados Unidos. Les cuenta a sus amigos y familiares su increíble viaje a la Costa de Amalfi. Les **enseña** fotos y les cuenta historias de todos los lugares **maravillosos que** visitó. Todos están muy celosos por no haber podido ir con ella, pero Anna sabe que siempre tendrá un lugar especial en su corazón para este lugar mágico.

Domande di comprensione

1. Che cos'è la Costiera Amalfitana?

2. Come si sente Anna quando arriva ad Amalfi?

3. Cosa fa Anna quando arriva ad Amalfi?

4. Cosa pensa Anna delle diverse culture rappresentate sulla Costiera Amalfitana?

5. Cosa fa Anna prima di tornare nella sua stanza d'albergo?

6. Cosa fa Anna la sua ultima notte ad Amalfi?

7. Quali sono alcune delle cose che Anna fa durante le sue vacanze?

8. Come si sente Anna quando la sua vacanza volge al termine?

9. Cosa fa Anna quando torna a casa?

Preguntas de comprensión

1. ¿Qué es la Costa de Amalfi?

2. ¿Cómo se siente Anna cuando llega a Amalfi?

3. ¿Qué hace Anna cuando llega por primera vez a Amalfi?

4. ¿Qué piensa Anna de las diferentes culturas representadas en la Costa de Amalfi?

5. ¿Qué hace Anna antes de volver a su habitación de hotel?

6. ¿Qué hace Anna en su última noche en Amalfi?

7. ¿Cuáles son algunas de las cosas que Anna hace durante sus vacaciones?

8. ¿Cómo se siente Anna cuando sus vacaciones llegan a su fin?

9. ¿Qué hace Anna cuando vuelve a casa?

Toscana

La prima volta che sono andata in Toscana sono
rimasta subito incantata. Le dolci colline, i cipressi, i
vigneti: sembrava uscito da una favola. Giurai a me
stessa che un giorno sarei tornata per esplorare **meglio**
questo luogo magico. Così, l'anno scorso, quando
mio marito ci propose di fare un viaggio in Italia per il
nostro anniversario, non avevo dubbi su dove saremmo
andati. Abbiamo noleggiato un'auto e abbiamo guidato
da Roma fino al cuore della Toscana, fermandoci in
villaggi **pittoreschi** lungo la strada. Infine, arrivammo a
destinazione: un incantevole casale immerso tra uliveti
e vigneti. Trascorremmo giornate pigre esplorando
la campagna a piedi o in bicicletta, facendo picnic in
campi di **fiori selvatici** e assaggiando vini deliziosi
in piccole sale di degustazione. La sera, cucinavamo
insieme la cena con gli **ingredienti** freschi del mercato
contadino vicino, poi ci sedevamo nel nostro patio
sotto le stelle, godendoci la reciproca compagnia (e
un'altrbottiglia di vino).

Era davvero una **vacanza** idilliaca. Ma poi, durante
la nostra ultima notte, accadde qualcosa di strano.
Mi svegliai nel cuore della notte e trovai mio **marito**
scomparso. All'inizio pensai che fosse uscito solo per
prendere una boccata d'aria, ma quando non tornò
dopo circa un'ora, cominciai a preoccuparmi. Mi sono
vestita e sono uscita fuori, chiamando il suo nome
nell'oscurità. Non c'era risposta, a parte il suono dei
grilli che frinivano nei campi vicini. All'improvviso, sentii
un rumore **provenire** da uno dei vigneti e corsi verso di

Toscana

La primera vez que fui a la Toscana, quedé inmediatamente encantada. Las colinas onduladas, los cipreses, los **viñedos**... era como algo sacado de un cuento de hadas. Me prometí a mí misma que algún día volvería y exploraría más **a fondo** este mágico lugar. Y así, el año pasado, cuando mi marido me propuso hacer un viaje a Italia por nuestro aniversario, no tuve ninguna duda de adónde iríamos. Alquilamos un coche y condujimos desde Roma hasta el corazón de la Toscana, parando en **pintorescos** pueblos por el camino. Finalmente, llegamos a nuestro destino: una encantadora casa de campo enclavada entre olivares y viñedos. Pasamos días de ocio explorando el campo a pie o en bicicleta, haciendo picnics en campos de **flores silvestres** y probando deliciosos vinos en pintorescas salas de degustación. Por la noche, preparábamos la cena juntos con **ingredientes** frescos del mercado agrícola cercano y nos sentábamos en el patio bajo las estrellas, disfrutando de la compañía del otro (y de otra botella de vino).

Realmente fueron unas **vacaciones** idílicas. Pero entonces, en nuestra última noche allí, sucedió algo extraño. Me desperté en mitad de la noche y descubrí que mi **marido** no estaba. Al principio pensé que había salido a tomar el aire, pero cuando no volvió al cabo de una hora, empecé a preocuparme. Me vestí y salí a la calle, gritando su nombre en la oscuridad. No hubo respuesta, salvo el sonido de los **grillos que** cantaban en los campos cercanos. De repente,

esso, con la paura che mi stringeva il cuore. Mio marito era lì, **in piedi** tra le vigne con lo sguardo vitreo. Si girò verso di me e parlò con una voce che non era la sua: "È ora". Ora di cosa? Prima che potessi fare domande, prese la mia mano e cominciò a condurmi in profondità nel vigneto. Non so per quanto tempo camminammo, ma mi sembrarono ore.

Gli unici suoni erano lo scricchiolio dei nostri piedi sul sentiero di ghiaia e gli **occasionali** borbottii di mio marito. Cominciavo ad avere davvero paura e quando finalmente si fermò e si girò verso di me, potevo vedere la follia nei suoi occhi. "È ora", disse di nuovo, questa volta con più forza. "È ora di fare cosa?" Chiesi **implorante**, ma lui si limitò ad afferrarmi il braccio e iniziò a trascinarmi verso una piccola porta incastonata nel fianco di una collina. Subito dopo ci trovammo all'interno di una specie di tunnel illuminato da torce tremolanti. Mio **marito** mi lasciò e iniziò a camminare in uno dei tunnel senza voltarsi, lasciandomi lì da sola e terrorizzata.

Non sapevo cos'altro fare, così lo seguii attraverso passaggi tortuosi finché non arrivammo in una grande stanza cavernosa che sembrava essere stata usata come una specie di antico **tempio** o santuario. Al centro della stanza c'era un altare di pietra con strani simboli incisi, e **intorno ai** bordi c'erano **decine** e decine di ossa umane ammucchiate. Mio marito si avvicinò all'altare e si inginocchiò, **chinando il** capo in segno di riverenza. Io rimasi immobile, troppo spaventata per muovermi.

oí un ruido procedente de uno de los viñedos y corrí hacia él, con el miedo atenazando mi corazón. Y allí estaba mi marido, **de pie** entre las viñas, con los ojos vidriosos. Se volvió hacia mí y habló con una voz que no era la suya: "Es la hora". ¿La hora de qué? Antes de que pudiera preguntar nada, me cogió de la mano y empezó a adentrarse en el viñedo. No sé cuánto tiempo caminamos, pero me parecieron horas.

Los únicos sonidos eran el crujido de nuestros pies en el camino de grava y los murmullos **ocasionales** de mi marido. Empezaba a estar realmente asustada, y cuando finalmente se detuvo y se volvió hacia mí, pude ver la locura en sus ojos. "Es la hora", volvió a decir, esta vez con más fuerza. "¿La hora de qué?" pregunté **suplicante**, pero se limitó a agarrarme del brazo y empezó a arrastrarme hacia una pequeña puerta situada en la ladera de una colina. Lo siguiente que recuerdo es que estábamos dentro de una especie de sistema de túneles iluminados por antorchas parpadeantes. Mi **marido** me soltó y empezó a caminar por uno de los túneles sin mirar atrás, dejándome allí sola y aterrorizada.

No sabía qué más hacer, así que le seguí por pasillos sinuosos hasta que llegamos a una gran sala cavernosa que parecía haber sido utilizada como algún tipo de **templo** o santuario antiguo. En el centro de la sala había un altar de piedra con extraños símbolos tallados, y **alrededor** de los bordes había **docenas** y docenas de huesos humanos apilados. Mi marido se acercó al altar y se arrodilló, **inclinando** la cabeza en señal de reverencia.

Domande di comprensione

1. Cosa fa l'autrice quando visita per la prima volta la Toscana?

2. Che cosa si ripromette l'autrice dopo la sua prima visita?

3. Che cosa fanno l'autrice e suo marito durante il loro viaggio di anniversario?

4. Cosa trova l'autrice quando si sveglia nel cuore della notte?

5. Che cosa sente l'autore provenire da una delle vigne?

6. Cosa fa il marito quando l'autrice lo raggiunge?

7. Cosa pensa l'autrice quando vede la stanza in cui il marito l'ha condotta?

8. Qual è la reazione dell'autrice quando sente la voce provenire dall'ombra?

Preguntas de comprensión

1. ¿Qué hace la autora cuando visita por primera vez la Toscana?

2. ¿Qué se promete la autora después de su primera visita?

3. ¿Qué hacen la autora y su marido en su viaje de aniversario?

4. ¿Qué encuentra la autora cuando se despierta en medio de la noche?

5. ¿Qué es lo que oye el autor procedente de uno de los viñedos?

6. ¿Qué hace el marido cuando el autor lo alcanza?

7. ¿Qué piensa la autora cuando ve la habitación a la que la llevó su marido?

8. ¿Cuál es la reacción de la autora cuando oye la voz que viene de las sombras?

Lago di Como

Il sole stava tramontando sul bellissimo lago di Como. L'acqua era ferma e l'aria era calda. Era una serata perfetta. Ero seduta sul molo, con i piedi **a penzoloni** nell'acqua. Ero venuta in Italia per una vacanza, ma non mi aspettavo di innamorarmi di quel posto così in fretta. **Tutto** mi sembrava giusto. Mentre **guardavo** il sole scendere sotto l'orizzonte, sentii qualcuno avvicinarsi da dietro. Si sedettero accanto a me e ci godemmo il panorama in silenzio. Quando gli ultimi raggi di sole scomparvero, mi voltai verso la persona accanto a me. Ora potevo vedere i loro volti ed era ancora più **bello** del panorama. Ci sorridemmo e, senza dire una parola, capimmo entrambi che quella sarebbe stata una notte speciale. Camminammo lungo la riva, con i piedi che affondavano nella sabbia soffice a ogni passo.

La **luce della luna** scintillava sull'acqua e ci fermammo ad ammirarne la bellezza. Poi ci sedemmo su una panchina e parlammo per ore di tutto e di niente. Sembrava che ci conoscessimo da sempre. Alla fine tornammo nella mia camera d'albergo, dove passammo il resto della notte a parlare, ridere e fare l'amore fino a quando l'alba iniziò a insinuarsi dalla finestra. Mentre la **guardavo** dormire serenamente accanto a me, capii che il lago di Como avrebbe sempre avuto un posto speciale nel mio cuore. "La mattina dopo mi svegliai con il letto vuoto. Lei non c'era più. Non conoscevo il suo nome, ma sapevo che non l'avrei mai dimenticata. Avevamo condiviso qualcosa di speciale ed ero sicuro

Lago de Como

El sol se ponía sobre el hermoso lago de Como.
El agua estaba quieta y el aire era cálido. Era una
tarde perfecta. Estaba sentada en el muelle, con los
pies **colgando** en el agua. Había venido a Italia de
vacaciones, pero no esperaba enamorarme tan rápido
del lugar. **Todo** me parecía bien. Mientras **observaba
cómo el** sol se ocultaba en el horizonte, oí que alguien
se acercaba a mí por detrás. Se sentó a mi lado y
simplemente disfrutamos de la vista juntos en silencio.
Cuando los últimos rayos de sol desaparecieron, me
volví hacia la persona que estaba a mi lado. Ahora
podía ver sus rostros y era aún más **hermoso** que
la vista. Nos sonreímos el uno al otro y, sin decir una
palabra, ambos supimos que ésta iba a ser una noche
especial. Caminamos a lo largo de la costa, nuestros
pies se hunden en la suave arena a cada paso.

La **luz de la luna** brillaba en el agua y nos detuvimos
para admirar su belleza. Luego nos sentamos en
un banco y hablamos durante horas de todo y de
nada. Parecía que nos conocíamos desde siempre.
Finalmente, regresamos a mi habitación de hotel,
donde pasamos el resto de la noche hablando, riendo
y haciendo el amor hasta que el amanecer empezó
a colarse por la ventana. Mientras la veía dormir
plácidamente a mi lado, supe que el lago de Como
siempre tendría un lugar especial en mi corazón. "A
la mañana siguiente, me desperté con la cama vacía.
Ella ya no estaba. No sabía su nombre, pero sabía que

che le nostre strade si sarebbero incrociate di nuovo un giorno. Fino ad allora, il lago di **Como** sarebbe sempre stato il mio luogo felice. "Sono passati alcuni anni da quella magica notte sul lago. Non l'ho mai dimenticata e spesso mi ritrovo a chiedermi cosa sarebbe potuto essere. Ma mi accontento di ricordare il tempo trascorso insieme come un bellissimo ricordo.

Dopo tutto, alcune cose sono destinate ad accadere. "Ero seduta sul molo, con i piedi a penzoloni nell'acqua. Ero venuta in Italia per una vacanza, ma non mi aspettavo di innamorarmi di quel posto così in fretta. **Tutto** mi sembrava giusto. Mentre guardavo il sole scendere sotto l'**orizzonte**, sentii qualcuno avvicinarsi da dietro. Si sedettero accanto a me e ci godemmo il panorama in silenzio. "Quando gli ultimi raggi di sole scomparvero, mi voltai verso la persona accanto a me. Ora potevo vedere i loro volti ed era ancora più bello del panorama. Ci **sorridemmo** e, senza dire una parola, capimmo entrambi che quella sarebbe stata una notte speciale. Camminammo lungo la riva, con i piedi che affondavano nella sabbia soffice a ogni passo. La luce della luna **scintillava** sull'acqua e ci fermammo ad ammirarne la bellezza.

Poi ci siamo seduti su una panchina e abbiamo parlato per ore di **tutto** e di niente. Sembrava che ci conoscessimo da sempre". "Alla fine siamo tornati nella mia camera d'albergo, dove abbiamo trascorso il resto della notte parlando, ridendo e facendo l'amore fino a quando l'alba ha iniziato a entrare dalla finestra.

nunca la olvidaría. Habíamos compartido algo especial, y estaba seguro de que nuestros caminos volverían a cruzarse algún día. Hasta entonces, el lago de **Como** sería siempre mi lugar feliz. "Han pasado varios años desde aquella noche mágica junto al lago. Nunca la he olvidado, y a menudo me pregunto qué podría haber sido. Pero me conformo con recordar nuestro tiempo juntos como un bello recuerdo.

Después de todo, algunas cosas están destinadas a ser. "Estaba sentada en el muelle, con los pies colgando en el agua. Había venido a Italia de vacaciones, pero no esperaba enamorarme tan rápidamente del lugar. **Todo** me parecía bien. Mientras observaba cómo el sol se ocultaba en el **horizonte**, oí que alguien se acercaba a mí por detrás. Se sentó a mi lado y simplemente disfrutamos juntos de la vista en silencio. "Cuando los últimos rayos de sol desaparecieron, me volví hacia la persona que estaba a mi lado. Ahora podía ver sus rostros y era aún más hermoso que la vista. Nos **sonreímos el uno al otro,** y sin decir una palabra, ambos supimos que ésta iba a ser una noche especial. Caminamos a lo largo de la costa, nuestros pies se hunden en la suave arena a cada paso. La luz de la luna **brillaba en** el agua y nos detuvimos para admirar su belleza.

Luego nos sentamos en un banco y hablamos durante horas de **todo** y de nada. Parecía que nos conocíamos desde siempre". "Finalmente, regresamos a mi habitación de hotel, donde pasamos el resto de la noche hablando, riendo y haciendo el amor hasta que el amanecer empezó a **colarse** por la ventana.

Domande di comprensione

1. Cosa stava facendo il protagonista quando ha visto per la prima volta la persona con cui ha finito per passare la notte?

2. Cosa pensava il protagonista del lago di Como prima di innamorarsene?

3. Che cosa hanno fatto il protagonista e la persona che hanno incontrato dopo aver ammirato il chiaro di luna sull'acqua?

4. Cosa prova il protagonista nei confronti della persona che ha incontrato alla fine della serata?

5. Cosa pensava il protagonista che sarebbe successo al risveglio del mattino dopo?

6. Cosa ha fatto il protagonista dopo la notte magica sul lago?

7. Cosa pensa il protagonista di ciò che avrebbe potuto essere?

Preguntas de comprensión

1. ¿Qué hacía el protagonista cuando vio por primera vez a la persona con la que acabó pasando la noche?

2. ¿Qué sentía el protagonista por el lago de Como antes de enamorarse de él?

3. ¿Qué hicieron el protagonista y la persona que conocieron después de admirar la luz de la luna en el agua?

4. ¿Cómo se sintió el protagonista con la persona que conoció al final de la noche?

5. ¿Qué pensaba el protagonista que iba a pasar cuando se despertara a la mañana siguiente?

6. ¿Qué ha hecho el protagonista desde la noche mágica junto al lago?

7. ¿Qué piensa el protagonista sobre lo que podría haber sido?

Le Alpi italiane

Le Alpi italiane sono uno spettacolo bellissimo e **maestoso**. Da molti anni sono una destinazione popolare per turisti e scalatori. Ma c'è un gruppo di persone che conosce le Alpi meglio di chiunque altro: le capre di montagna. Per generazioni, queste **creature** dal passo sicuro hanno fatto la loro casa tra le alte vette e le rocce scoscese della catena. Conoscono ogni angolo, ogni sentiero e ogni traccia. E non hanno paura di usarli, anche quando c'è l'uomo. Un giorno **d'estate**, un ragazzo **di nome** Marco stava facendo un'escursione con la sua famiglia sulle Alpi. Si fermò per riposare un momento e fu allora che la vide: una capra di montagna in piedi su una sporgenza proprio sopra di lui! La capra guardò **Marco** con i suoi grandi occhi marroni, come se lo sfidasse ad avvicinarsi.

Il cuore di Marco batteva forte mentre si avvicinava lentamente alla capra. Aveva sempre desiderato accarezzarne una, ma **di solito erano** così lontane. Questa era la sua **occasione**! Ma quando si avvicinò, si rese conto che la capra non era sola. C'era un bambino con lei, aggrappato alla pelliccia della madre. Marco si fermò a guardarli per un attimo prima di continuare il suo cammino. Mentre camminava, non poteva fare a meno di pensare a quelle capre e a quanto fossero fortunate a vivere in un posto così bello.

Qualche giorno dopo, Marco stava facendo un'escursione da solo quando sentì qualcosa di strano: un forte belato provenire da più avanti. Seguì con

Los Alpes italianos

Los Alpes italianos son un espectáculo hermoso y **majestuoso**. Han sido un destino popular para los turistas y escaladores durante muchos años. Pero hay un grupo de personas que conoce los Alpes mejor que nadie: las cabras montesas. Durante generaciones, estas **criaturas** de pies firmes han establecido su hogar en las altas cumbres y los escarpados acantilados de la cordillera. Conocen cada rincón, cada sendero y cada camino. Y no temen utilizarlos, incluso cuando hay humanos cerca. Un día de verano, un joven **llamado Marco** estaba de excursión con su familia en los Alpes. Se detuvo a descansar un momento, y fue entonces cuando lo vio: ¡una cabra montesa de pie en un saliente justo encima de él! La cabra miró a **Marco** con sus grandes ojos marrones, como si le desafiara a acercarse.

El corazón de Marco se aceleró mientras se acercaba lentamente a la cabra. Siempre había querido acariciar una, pero **normalmente** estaban muy lejos. Esta era su **oportunidad**. Pero al acercarse, se dio cuenta de que la cabra no estaba sola. Había un bebé con ella, aferrado al pelaje de su madre. Marco se detuvo y los **observó** por un momento antes de continuar su camino. Mientras caminaba, no pudo evitar pensar en esas cabras y en la suerte que tenían de vivir en un lugar tan hermoso.

Unos días más tarde, Marco salía de excursión solo cuando oyó algo extraño: un fuerte balido que venía

cautela il suono fino ad arrivare a una **radura** dove si trovavano due capre di montagna una accanto all'altra. Ma c'era qualcosa di diverso in queste capre: il loro pelo era tutto aggrovigliato e opaco e sembrava che avessero **combattuto**. Poi Marco vide il motivo: un altro gruppo di capre stava cercando di spingerle giù dal bordo del precipizio! Senza pensarci oltre, Marco corse verso gli animali in lotta e urlò a **squarciagola**. Le capre che le attaccavano hanno dapprima trasalito, ma poi hanno rapidamente rivolto la loro attenzione verso di lui. Vedendo che la loro preda era fuggita, si arresero e si allontanarono al trotto nella foresta, lasciando dietro di sé le due vittime **esauste**.

Marco si avvicinò lentamente alle due capre di montagna, non sapendo se avrebbero avuto paura di lui o meno. Ma, con sua grande **sorpresa**, entrambe gli vennero incontro e gli **accarezzarono la** mano con i loro nasi morbidi. Le accarezzò per un momento prima di ricondurle lungo il sentiero per la strada che aveva percorso. Ci volle un po' di tempo, ma alla fine riuscì a tornare dove stava la sua famiglia. I suoi genitori furono sorpresi di vederlo portare a spasso - e tanto meno **in braccio** - due capre di montagna! Chiamarono subito la stazione **dei ranger** locali perché venissero a prendere gli animali. Il ranger ringraziò Marco per il suo aiuto e gli disse che senza la sua prontezza di riflessi, quelle capre sarebbero sicuramente morte. Mentre Marco guardava i **ranger** allontanarsi con le due capre di montagna, non poté fare a meno di sentirsi felice di averle aiutate.

de más adelante. Siguió el sonido con cautela hasta que llegó a un **claro** en el que había dos cabras montesas, una al lado de la otra. Pero había algo diferente en estas cabras: su pelaje estaba enredado y enmarañado, y parecía que habían tenido una **pelea**. Entonces Marco vio el motivo: ¡otro grupo de cabras montesas estaba intentando empujarlas al borde del acantilado! Sin pensarlo más, Marco corrió hacia los animales que luchaban y gritó a todo **pulmón**. Las cabras atacantes se asustaron al principio, pero rápidamente dirigieron su atención hacia él. Al ver que su presa había escapado, se rindieron y se alejaron trotando hacia el bosque, dejando atrás a las dos víctimas **agotadas**.

Marco se acercó lentamente a las dos cabras montesas, sin saber si se asustarían de él o no. Pero, para su **sorpresa**, ambas se acercaron a él y le **acariciaron** la mano con sus suaves narices. Las acarició un momento antes de llevarlas de vuelta por el sendero por donde había venido. Tardó un rato, pero finalmente llegó hasta donde se encontraba su familia. Sus padres se sorprendieron al verle caminando, y más aún **llevando**, dos cabras montesas. Rápidamente llamaron al puesto de **guardabosques** local para que viniera a recoger a los animales. El guardabosques agradeció a Marco su ayuda y le dijo que, sin su rapidez mental, esas cabras habrían muerto con toda seguridad. Cuando Marco vio a los **guardabosques** alejarse con las dos cabras montesas, no pudo evitar sentirse feliz por haber podido ayudarlas.

Domande di comprensione

1. Come si chiama il protagonista?

2. Dov'era Marco quando ha visto la capra di montagna?

3. Cosa stava facendo la capra di montagna quando Marco l'ha vista?

4. Marco ha mai avuto la possibilità di accarezzare la capra di montagna?

5. Quale rumore ha sentito Marco mentre faceva un'escursione da solo?

6. Cosa stava succedendo quando Marco trovò le due capre di montagna?

7. Perché le altre capre di montagna attaccarono le due capre di montagna?

8. In che modo Marco ha aiutato le due capre di montagna?

9. Cosa fecero i genitori di Marcus quando lo videro con le due capre di montagna?

Preguntas de comprensión

1. ¿Cómo se llama el protagonista?

2. ¿Dónde estaba Marco cuando vio la cabra montés?

3. ¿Qué hacía la cabra montés cuando Marco la vio?

4. ¿Tuvo Marco la oportunidad de acariciar la cabra montés?

5. ¿Qué ruido escuchó Marco mientras iba de excursión solo?

6. ¿Qué pasaba cuando Marco encontró a las dos cabras montesas?

7. ¿Por qué las otras cabras montesas atacaron a las dos cabras montesas?

8. ¿Cómo ayudó Marco a las dos cabras montesas?

9. ¿Qué hicieron los padres de Marco cuando le vieron con las dos cabras montesas?

L'isola di Sicilia

L'isola di **Sicilia** è un luogo come nessun altro. Con le sue splendide spiagge, le acque cristalline e la cordialità della gente del posto, non c'è da stupirsi che così tante persone si riversino ogni anno sulle sue coste. Ma c'è una cosa che distingue quest'isola dalle altre: la sua storia. Per secoli, la Sicilia è stata un crocevia di culture e **civiltà**, ognuna delle quali ha lasciato il proprio segno sul territorio. Dai Greci ai Romani, dagli Arabi ai **Normanni**, tutti hanno lasciato la loro **impronta** su questo angolo di mondo unico. Ora tocca a voi scoprire tutto ciò che la Sicilia ha da offrire. Appena scesi dall'aereo, si sente il calore del sole siciliano sulla pelle. La prima cosa che **colpisce** è l'odore di limoni nell'aria.

Seguite il vostro naso e vi trovate in un bellissimo agrumeto. Dopo aver ammirato il panorama per un po', **proseguite il** viaggio per esplorare altri luoghi di quest'isola straordinaria. Trascorrete i giorni successivi a girovagare per la Sicilia, ammirando tutte le sue bellezze e i suoi suoni. Dalle vivaci città alla tranquilla campagna, qui c'è molto da vedere e da fare. Ovunque si vada, si rimane colpiti dalla **cordialità** e dall'accoglienza di tutti. Vi faranno sentire come a casa vostra su quest'isola speciale. L'ultimo giorno, passeggiate lungo una delle **splendide** spiagge siciliane mentre il sole tramonta sul Mar **Mediterraneo**. Mentre osservate le onde che si infrangono sulla riva, riflettete su tutto ciò che quest'isola vi ha dato. Lasciate la Sicilia con il cuore pesante, sapendo che non

La isla de Sicilia

La isla de **Sicilia** es un lugar como ningún otro. Con sus impresionantes playas, sus aguas cristalinas y sus amables habitantes, no es de extrañar que tanta gente acuda a sus costas cada año. Pero hay algo que diferencia a esta isla del resto: su historia. Durante siglos, Sicilia ha sido una encrucijada de culturas y **civilizaciones**, y cada una de ellas ha dejado su huella en el territorio. Desde los griegos y los romanos hasta los árabes y **los normandos**, todos han dejado su **huella** en este rincón único del mundo. Y ahora le toca a usted descubrir todo lo que Sicilia puede ofrecer. Al bajar del avión, se siente el calor del sol siciliano en la piel. Lo primero que le **llama la atención** es el olor a limón en el aire.

Sigues tu olfato y te encuentras en una hermosa plantación de cítricos. Después de admirar la vista durante un rato, **sigues** tu camino para explorar más esta increíble isla. Pasas los siguientes días recorriendo Sicilia, disfrutando de todas sus vistas y sonidos. Desde sus bulliciosas ciudades hasta su tranquila campiña, hay mucho que ver y hacer aquí. Y en todos los lugares a los que vas, te sorprende lo **amable** y acogedor que es todo el mundo. Te hacen sentir como en casa en esta isla tan especial. El último día, pasea por una de las **impresionantes** playas de Sicilia mientras el sol se pone sobre el **Mediterráneo**. Mientras observa cómo las olas rompen contra la orilla, reflexiona sobre todo lo que esta isla le ha dado. Se va de Sicilia con el corazón encogido, sabiendo que

dimenticherete mai il tempo trascorso su quest'isola magica. Dalla sua ricca storia alla sua bellezza naturale, è davvero come **nessun** altro posto al mondo. E non vedete l'ora di tornare per esplorare ancora di più ciò che questo luogo incredibile ha da offrire.

L'isola di Sicilia fa parte della vostra vita da sempre. È il luogo in cui siete cresciuti, il luogo da cui proviene la vostra **famiglia**. Ed è anche il luogo che racchiude tanti ricordi felici. Pensate a tutti i momenti trascorsi qui con i vostri amici e i vostri **cari** e sapete che questo è un luogo davvero speciale. **Oggi** la Sicilia non è solo una meta di vacanza, ma anche una casa lontano da casa. Ogni volta che avete bisogno di allontanarvi dal trambusto della vita cittadina, sapete che questa splendida isola vi aspetterà sempre a braccia aperte. Dai suoi paesaggi **mozzafiato** al suo cibo delizioso, **non c'è nessun** altro posto al mondo come la Sicilia. E non importa quanto siate lontani, sentirete sempre il suo calore nel vostro cuore.

nunca olvidará el tiempo que ha pasado en esta isla mágica. Desde su rica historia hasta su belleza natural, es realmente como **ningún** otro lugar del mundo. Y no puede esperar a volver y explorar aún más lo que este increíble lugar tiene que ofrecer.

La isla de Sicilia forma parte de tu vida desde que tienes uso de razón. Es el lugar donde creciste, el lugar de donde proviene tu **familia**. Y también es el lugar que guarda tantos recuerdos felices. Piensa en todos los momentos que ha pasado aquí con sus amigos y seres **queridos**, y sabe que es un lugar muy especial. **Hoy en día,** Sicilia no es sólo un destino de vacaciones, sino también un hogar lejos de casa. Siempre que necesite alejarse del ajetreo de la vida en la ciudad, sabrá que esta hermosa isla le estará esperando con los brazos abiertos. Desde sus **impresionantes** paisajes hasta su deliciosa comida, **no hay ningún** otro lugar en el mundo como Sicilia. Y no importa lo lejos que estés, siempre sentirás su calor dentro de tu corazón.

Domande di comprensione

1. Qual è una cosa che distingue l'isola di Sicilia dalle altre?

2. Quali sono i segni che le diverse culture hanno lasciato sull'isola nel corso della storia?

3. Qual è la prima cosa che notate quando scendete dall'aereo in Sicilia?

4. Come vi fa sentire la gente del posto quando esplorate l'isola?

5. Cosa pensate mentre guardate il tramonto del vostro ultimo giorno in Sicilia?

6. Che cosa fa sentire la Sicilia come casa propria?

7. Quali sono alcune delle cose che ami della Sicilia?

8. Che cosa significa per lei la Sicilia?

9. Che progetti ha per esplorare la Sicilia in futuro?

Preguntas de comprensión

1. ¿Qué es lo que diferencia a la isla de Sicilia del resto?

2. ¿Qué huellas han dejado las diferentes culturas en la isla a lo largo de la historia?

3. ¿Qué es lo primero que nota al bajar del avión en Sicilia?

4. ¿Cómo te hacen sentir los lugareños cuando exploras la isla?

5. ¿Qué piensa al ver la puesta de sol en su último día en Sicilia?

6. ¿Qué tiene Sicilia que hace que se sienta como en casa?

7. ¿Qué cosas le gustan de Sicilia?

8. ¿Qué significa Sicilia para usted?

9. ¿Qué planes tiene para explorar Sicilia en el futuro?

Notte nel Nord Italia

La notte era fresca e le stelle erano in piena attività.
Ero appena arrivata nel Nord Italia ed ero entusiasta di
esplorare. Cominciai a camminare per la piccola città
in cui alloggiavo, per cogliere i panorami e i suoni di
questo nuovo luogo. Le strade erano vuote, ma c'era
una sensazione di eccitazione nell'aria. Camminai
per un po', **ammirando** l'architettura e fermandomi
a scattare foto qua e là. Girato un angolo, vidi un
gruppo di persone riunite intorno a qualcosa in un
vicolo. Mi sono avvicinata per vedere cosa stessero
guardando. Si trattava di un uomo che suonava una
fisarmonica. Quando mi **avvicinai mi** guardò e mi
sorrise calorosamente prima di ricominciare a suonare.
La musica riempì il vicolo e tutti smisero di ascoltare.
Era bella; triste ma anche edificante, per certi versi.

Mentre ascoltavo la musica, sentii gli occhi iniziare
a lacrimare. All'improvviso, tutte le **preoccupazioni**
e lo stress che avevo a casa mi sono sembrate così
lontane, come se non avessero più importanza.
In quel momento mi sono sentita felice, libera e
spensierata. Quando la canzone finì, tutti applaudirono
con entusiasmo prima di tornare alle loro attività,
lasciandomi sola con i miei pensieri. Ero perso nei
miei pensieri quando qualcuno mi batté sulla spalla,
facendomi trasalire perché pensavo di essere rimasto
solo per qualche minuto. Si è rivelato essere un uomo
anziano che deve aver visto quanto lo **spettacolo** mi
avesse commosso e mi ha raccontato alcune storie

Noche en el norte de Italia

La noche era fresca y las estrellas estaban en todo su esplendor. Acababa de llegar al norte de Italia y tenía ganas de **explorar**. Empecé a pasear por la pequeña ciudad en la que me alojaba y a disfrutar de las vistas y los sonidos de este nuevo lugar. Las calles estaban vacías, pero había una sensación de entusiasmo en el aire. Caminé durante un rato, **admirando** la arquitectura y parando para hacer fotos aquí y allá. Al doblar una esquina, vi a un grupo de personas reunidas en torno a algo en un callejón. Me acerqué a ellos para ver qué estaban mirando. Resultó ser un hombre que tocaba música con un **acordeón**. Me miró cuando me **acerqué** y me sonrió cariñosamente antes de empezar a tocar de nuevo. La música llenó el callejón y todos dejaron de hacer lo que estaban haciendo para escuchar. Era una música preciosa, triste, pero también edificante en cierto modo.

Mientras escuchaba la música, sentí que mis ojos empezaban a llenarse de lágrimas. De repente, todas mis **preocupaciones** y tensiones de casa parecían tan lejanas, como si ya no importaran. En ese momento, me sentí feliz, libre y despreocupada. Cuando la canción terminó, todos aplaudieron **con entusiasmo** antes de volver a sus asuntos, dejándome sola con mis pensamientos. Estaba sumido en mis pensamientos cuando alguien me tocó en el hombro, lo que me sobresaltó porque pensé que había estado solo durante

della sua vita, con le quali non vi annoierò ora, se non per dirvi che a volte **accadono** cose di cui non riusciamo a spiegare il motivo. Ho ringraziato l'uomo per la sua storia e gli ho dato la buonanotte.

Tornai al mio albergo con la mente **piena di** cose nuove che avevo vissuto quella notte. Non avevo mai provato nulla di simile e sapevo che non l'avrei mai dimenticato. Quella sera, mentre ero a letto e fissavo il soffitto, pensai a tutte le cose che mi erano successe da quando ero arrivata in Italia. Mi sembrava che la mia vita stesse **cambiando** sotto i miei occhi e non ero sicura di cosa fare. Sapevo solo che questo viaggio mi aveva aperto gli occhi in molti modi e che ero grata per ogni momento, bello o brutto che fosse. La **mattina** dopo mi svegliai presto e **decisi** di andare a esplorare ancora un po'. Dopo tutto, c'era ancora molto da vedere e da fare. Chissà quali altre avventure mi aspettano?

unos minutos. Resultó ser un anciano que debió ver cómo se emocionaba con la **actuación** y me contó algunas historias de su propia vida, que no voy a aburrir ahora, salvo para decir que a veces **ocurren** cosas que no podemos explicar por qué. Le agradecí su historia y le di las buenas noches.

Volví a mi hotel, con la mente **acelerada** por todas las cosas nuevas que había experimentado esa noche. No se parecía a nada de lo que había vivido antes, y sabía que nunca lo olvidaría. Aquella noche, tumbada en la cama, mirando al techo, pensé en todas las cosas que me habían pasado desde que llegué a Italia, y sentí que mi vida estaba **cambiando** ante mis propios ojos, y no sabía qué hacer con ella. Lo único que sabía era que este viaje me había abierto los ojos en más de un sentido y que estaba agradecida por cada momento, bueno o malo. A la **mañana** siguiente, me levanté temprano y **decidí** ir a explorar un poco más. Al fin y al cabo, todavía había mucho que ver y hacer. ¿Quién sabe qué otras aventuras me esperan?

Domande di comprensione

1. Cosa faceva il protagonista quando è arrivato nel Nord Italia?

2. Cosa ha provato il protagonista quando ha sentito per la prima volta il suonatore di fisarmonica?

3. Cosa disse il vecchio al protagonista?

4. Come si è sentito il protagonista dopo che il vecchio ha raccontato la sua storia?

5. Perché il viaggio del protagonista ha aperto gli occhi?

6. Cosa pensa il protagonista del Nord Italia?

7. Qual è il piano del protagonista per il giorno successivo?

8. Che tipo di emozioni prova il protagonista durante la storia?

Preguntas de comprensión

1. ¿Qué hacía el protagonista cuando llegó al norte de Italia?

2. ¿Qué sintió el protagonista cuando escuchó por primera vez al acordeonista?

3. ¿Qué le dijo el anciano al protagonista?

4. ¿Cómo se sintió el protagonista después de que el anciano le contara su historia?

5. ¿Por qué el viaje del protagonista fue revelador?

6. ¿Qué piensa el protagonista sobre el norte de Italia?

7. ¿Cuál es el plan del protagonista para el día siguiente?

8. ¿Qué tipo de emociones siente el protagonista durante la historia?

In spiaggia

Dopo l'alba, le onde sono più forti e la sabbia sopra la marea è bianca. Cammino verso la spiaggia, **ammirando** il mare e il sole. Le mie dita dei piedi sentono i solchi delle conchiglie. La sabbia è fredda sulle dita dei piedi. Sorrido e continuo a camminare. La marea è alta, quindi devo fare attenzione a non farmi trascinare. Cammino lungo la riva, ammirando il mare. L'alba è **bellissima** e le onde si infrangono. Mi sento così in pace. Arrivo a un punto in cui c'è una roccia affiorante. Mi siedo e guardo le onde. L'acqua è così blu e il cielo è così **arancione**. Mi sembra di essere in un sogno. Chiudo gli occhi e ascolto le onde. Rimasi seduto lì per molto tempo, finché non sentii qualcuno che chiamava il mio nome.

Apro gli occhi e vedo mia madre che viene verso di me. Ha un'espressione preoccupata. Le sorrido e la saluto, e lei **si rilassa**. "Mi chiedevo dove fossi andata", dice. "Sono contenta che ti stia godendo la spiaggia". Io rispondo: "Lo sto facendo". "È così bello qui". "Lo so", dice. "Venivo sempre qui quando avevo la tua età". "Davvero?" Chiedo. "Sì", risponde. "È un posto speciale". "Hai mai incontrato qualcuno di speciale qui?". Le chiedo. "Sì", risponde sorridendo. "Tuo padre". "Davvero?" Dico, **sorpreso**. "Sì", dice lei. "Venivamo sempre qui insieme. È qui che ci siamo innamorati. "Sorrido, **immaginando i** miei genitori che si innamorano su questa bellissima spiaggia. "È un posto speciale", ripete. "Sono felice che siate venuti qui

En la playa

Después del amanecer, las olas son más fuertes y la arena sobre la marea es blanca. Bajo a la playa, **admirando** el mar y el sol. Mis dedos sienten los surcos de las conchas. La arena está fría en mis dedos. Sonrío y sigo adelante. La marea está alta, así que tengo que tener cuidado de que no me arrastre. Camino por la orilla del agua, admirando el mar. El amanecer es **precioso** y las olas rompen. Me siento muy tranquila. Llego a un lugar donde hay un afloramiento de roca. Me siento y observo las olas. El agua es tan azul y el cielo tan **naranja**. Me siento como en un sueño. Cierro los ojos y sólo escucho las olas. Me siento allí durante mucho tiempo, hasta que oigo que alguien me llama por mi nombre.

Abro los ojos y veo a mi madre caminando hacia mí. Tiene una mirada de preocupación. Sonrío y la saludo con la mano, y se **relaja**. "Me preguntaba adónde habías ido", dice. "Me alegro de que estés disfrutando de la playa". Le respondo: "Sí". "Esto es muy bonito". "Lo sé", dice ella. "Yo solía venir aquí todo el tiempo cuando tenía tu edad". "¿De verdad?" Pregunto. "Sí", responde. "Es un lugar especial". "¿Has conocido a alguien especial aquí?" le pregunto. "Sí", responde con una sonrisa. "A tu padre". "¿De verdad?" Digo, **sorprendido**. "Sí", dice ella. "Solíamos venir aquí siempre juntos. Es donde nos enamoramos". "Sonrío, **imaginando a** mis padres enamorándose en esta hermosa playa. "Es un lugar especial", repite. "Me

oggi".

Rimaniamo seduti ancora per un po' a **guardare** le onde e il tramonto. Poi ci alziamo e torniamo ai nostri teli da mare. Mi sdraio e guardo le stelle. Mi sento così felice e soddisfatta. Le onde ora sono più forti e la sabbia è fredda. Il sole sta tramontando e soffia una brezza fresca. Le onde si infrangono sulla riva e nell'aria si sente l'odore del sale. È una serata perfetta per stare in spiaggia. Cammino lungo la riva, **ascoltando** il suono delle onde e guardando il tramonto. Vedo un gruppo di persone sedute sulla sabbia che ridono e scherzano. Sembra che si stiano divertendo molto. Mi avvicino a loro e chiedo se posso unirmi a loro. Mi rispondono di sì e passiamo il resto della serata a parlare, ridere e guardare il **tramonto**. È una serata perfetta. Io e il gruppo parliamo fino al tramonto. Condividiamo storie e battute e ci divertiamo molto. Quando la notte inizia a calare, cominciamo tutti a sentirci stanchi. Ci **salutiamo** con un bacio e ci separiamo. Torno al mio hotel, felice e soddisfatta. Non riesco a credere a quanto sia bello qui. Sono così fortunata ad averlo **vissuto**.

alegro de que hayas venido hoy".

Nos quedamos sentados un rato más, **mirando** las olas y la puesta de sol. Luego nos levantamos y volvemos a nuestras toallas de playa. Me tumbo y miro las estrellas. Me siento muy feliz y contenta. Las olas son más fuertes y la arena está fría. El sol se pone y sopla una brisa fresca. Las olas chocan contra la orilla y el aire huele a sal. Es una tarde perfecta para estar en la playa. Estoy caminando por la orilla, **escuchando el** sonido de las olas y viendo la puesta de sol. Veo a un grupo de personas sentadas en la arena, riendo y bromeando. Parece que se lo están pasando muy bien. Me acerco a ellos y les pregunto si puedo unirme a ellos. Me dicen que sí y pasamos el resto de la tarde hablando, riendo y viendo la **puesta de sol**. Es una noche perfecta. El grupo y yo hablamos hasta que se pone el sol. Compartimos anécdotas y bromas, y nos lo pasamos muy bien. Cuando la noche empieza a caer, todos empezamos a sentirnos cansados. Nos **despedimos** con un beso y nos separamos. Vuelvo a mi hotel, feliz y contento. No puedo creer lo bonito que es este lugar. Tengo mucha suerte de haberlo **vivido**.

Domande di comprensione

1. Dove va la narratrice dopo essersi svegliata?

2. Che cosa ammira la narratrice mentre cammina lungo la spiaggia?

3. A che cosa deve fare attenzione la narratrice mentre cammina lungo la spiaggia?

4. Dove si siede il narratore per godersi il panorama?

5. Per quanto tempo il narratore rimane seduto lì?

6. Chi vede la narratrice quando riapre gli occhi?

7. Cosa dice la madre del narratore?

8. Di che cosa parlano il narratore e le persone che incontra?

Preguntas de comprensión

1. ¿Dónde va la narradora después de despertar?

2. ¿Qué admira la narradora mientras camina por la playa?

3. ¿De qué tiene que cuidarse la narradora mientras camina por la playa?

4. ¿Dónde se sienta el narrador para disfrutar de la vista?

5. ¿Cuánto tiempo está el narrador sentado allí?

6. ¿A quién ve la narradora cuando vuelve a abrir los ojos?

7. ¿Qué dice la madre del narrador?

8. ¿De qué hablan la narradora y las personas que conoce?

Campeggio al lago

Cammino verso il lago, **ammirando** la tranquillità della scena. Il sole batte sul piccolo lago, facendo sembrare l'acqua una lastra di vetro. L'unico movimento è l'increspatura occasionale di un pesce **che rompe** la superficie. Anche gli uccelli sembrano prendersi una pausa dal caldo, con il solo suono delle cicale che riempie l'aria. **All'improvviso**, la pace è rotta da un forte tonfo. Un grosso **pesce** è saltato fuori dall'acqua, cercando di catturare una libellula. Il pesce manca il bersaglio e ricade in acqua con un tonfo. "Wow", penso tra me e me, "quello era un pesce grosso!". Mi guardai intorno per vedere se qualcun altro l'avesse visto, ma non c'era nessuno. Immagino che dovrò raccontarlo quando tornerò al campo.

Il caldo è **opprimente** e rende difficile respirare. L'aria è densa e pesante, come una coperta che ti avvolge. L'unico sollievo è l'acqua. È fresca e rinfrescante, come una bibita fresca in una giornata calda. Faccio un respiro profondo e mi immergo nell'acqua. Il sollievo è immediato quando l'acqua fresca mi circonda. Nuoto fino al fondo e poi risalgo in superficie, sentendo l'acqua rinfrescare il mio corpo. Continuo a **nuotare** a vasche, godendomi la tregua dal caldo. Dopo un po' esco dall'acqua e mi sdraio sull'erba, lasciando che il sole asciughi il mio corpo. Chiudo gli occhi e mi addormento, mentre il suono delle **cicale** mi culla in un sonno profondo. Lascio che il sole scrosti l'acqua dalla mia pelle. Sento la pelle arrossarsi, ma non mi importa.

Acampada en el lago

Camino hacia el lago, **admirando la** tranquilidad de la escena. El sol golpea el pequeño lago, haciendo que el agua parezca una lámina de cristal. El único movimiento es el de los peces que **rompen** la superficie. Incluso los pájaros parecen descansar del calor, y sólo el sonido de las cigarras llena el aire. **De repente, la** paz se rompe con un fuerte chapoteo. Un gran **pez** ha saltado fuera del agua, intentando atrapar una libélula. El pez no alcanza su objetivo y cae de nuevo al agua con un chapoteo. "¡Vaya!", pienso para mis adentros, "¡ese era un pez grande!". Miro a mi alrededor para ver si alguien más lo ha visto, pero no hay nadie. Supongo que tendré que contarlo cuando vuelva al campamento.

El calor es **agobiante** y dificulta la respiración. El aire es espeso y pesado, como una manta que te envuelve. El único alivio es el agua. Es fresca y refrescante, como una bebida fría en un día caluroso. Respiro profundamente y me sumerjo en el agua. El alivio es inmediato cuando el agua fresca me rodea. Nado hasta el fondo y luego vuelvo a la superficie, sintiendo que el agua refresca mi cuerpo. Sigo **nadando**, disfrutando del respiro del calor. Después de un rato, salgo del agua y me tumbo en la hierba, dejando que el sol me seque el cuerpo. Cierro los ojos y me duermo, el sonido de las **cigarras** me arrulla en un profundo sueño. Dejo que el sol me quite el agua de la piel. Siento que mi piel se pone roja, pero no me importa. Lo siguiente

Sono troppo accaldato per preoccuparmene. Il cielo è di un bellissimo arancione, con striature di rosa e viola. Il caldo è scomparso, sostituito da una fresca **brezza**.

Mi alzo e mi rivesto, sentendomi rinfrescata e ringiovanita. **Respiro** profondamente l'aria fresca e sorrido. È bello essere vivi. Torno al campeggio, ammirando il modo in cui i colori danzano nel cielo. Vedo il fuoco che arde in lontananza e sento l'odore del fumo nell'aria. Sorrido e **accelero il** passo. Sono pronto a rilassarmi e a godermi il resto della serata. Entro nel campeggio e vedo che tutti sono riuniti intorno al fuoco. **Ridono** e scherzano e posso vedere il fuoco riflesso nei loro occhi. Sorrido e mi siedo accanto ai miei amici. È bello essere tornati. La mattina dopo mi sveglio presto e comincio a raccogliere le mie cose. Sono impaziente di riprendere il cammino e continuare il mio viaggio. Saluto i miei amici e mi incammino. Mentre cammino, do un'ultima occhiata al **campeggio**. Vedo il fuoco ancora acceso in lontananza e sento l'odore del fumo nell'aria. Sorrido e accelero il passo. Sono pronto a continuare il mio **viaggio**.

que sé es que el sol se está poniendo. El cielo es de un hermoso color naranja, con vetas de color rosa y púrpura. El calor desaparece y es sustituido por una **brisa** fresca.

Me levanto y me vuelvo a poner la ropa, sintiéndome renovada y rejuvenecida. **Respiro** profundamente el aire fresco y sonrío. Se siente bien estar vivo. Vuelvo al campamento, admirando la forma en que los colores bailan en el cielo. Veo la hoguera que arde a lo lejos y huelo el humo en el aire. Sonrío y **acelero el** paso. Estoy lista para relajarme y disfrutar del resto de la noche. Entro en el campamento y veo que todos están reunidos alrededor del fuego. **Ríen** y bromean, y puedo ver el fuego reflejado en sus ojos. Sonrío y me siento junto a mis amigos. Es bueno estar de vuelta. A la mañana siguiente, me despierto temprano y empiezo a recoger mis cosas. Estoy ansioso por volver a la ruta y continuar mi viaje. Me despido de mis amigos y empiezo a caminar. Mientras camino, echo un último vistazo al **campamento**. Veo que el fuego sigue ardiendo a lo lejos y puedo oler el humo en el aire. Sonrío y acelero el paso. Estoy listo para continuar mi **viaje**.

Domande di comprensione

1. Dove sta andando il camminatore?

2. Che tempo fa?

3. Che aspetto ha l'acqua?

4. Come reagisce il deambulatore al calore?

5. Cosa sta facendo il pesce?

6. Perché il camminatore è solo?

7. Come si sente l'acqua?

8. Come si sente il camminatore dopo il nuoto?

9. A che ora del giorno si sveglia il deambulatore?

10. Dove va l'ambulante quando lascia il campo?

Preguntas de comprensión

1. ¿Dónde va el caminante?

2. ¿Qué tiempo hace?

3. ¿Qué aspecto tiene el agua?

4. ¿Cómo reacciona el caminante al calor?

5. ¿Qué hace el pez?

6. ¿Por qué el caminante está solo?

7. ¿Cómo se siente el agua?

8. ¿Cómo se siente el caminante después de nadar?

9. ¿A qué hora del día se despierta el caminante?

10. ¿Adónde va el caminante cuando sale del campamento?

La casa

La settimana scorsa mi sono trasferita nella mia nuova casa e sono così **entusiasta**! È molto più grande di quella vecchia e ha un grande cortile. Non vedo l'ora di invitare gli amici per grigliate e feste. La mia parte **preferita** è la mia nuova camera da letto. È così grande e luminosa e ho molto spazio per mettere tutte le mie cose. Sono molto contenta della mia nuova casa e penso che sarò molto felice qui. Ho deciso di esplorare ancora un po' la casa. Sono salita al secondo piano e ho iniziato a dirigermi verso la cucina quando ho visto un grosso ragno nero sul muro! Ho urlato e sono corsa di sotto. Ero così **spaventata**! Ma dopo qualche minuto mi sono calmata e ho deciso di tornare di sopra. Mi sono avvicinata lentamente alla cucina e ho visto che il ragno non c'era più. Ero così sollevata! Tornai al piano di sotto e decisi di uscire per esplorare il **giardino**. Era così grande! Non potevo crederci. Vidi un'altalena in un angolo e uno scivolo. Vidi anche una rete da basket e un **trampolino**. Ero così eccitato!

Non vedo l'ora di usare tutto questo nuovo materiale. I **vicini sono** venuti e si sono presentati. Sembravano molto gentili e abbiamo parlato per un po'. Mi hanno invitato al loro barbecue il prossimo fine settimana e ho detto che mi sarebbe piaciuto venire. La prima settimana nella mia nuova casa è stata fantastica e sono entusiasta di tutte le nuove avventure che mi aspettano. Oggi andrò di nuovo a esplorare il cortile per vedere cos'altro riesco a trovare. Chissà, forse troverò anche un **tesoro**. Non vedo l'ora di vedere cosa mi

La Casa

Me mudé a mi nueva casa la semana pasada y estoy muy **emocionada**. Es mucho más grande que la anterior y tiene un gran patio trasero. Me muero de ganas de tener amigos para hacer barbacoas y fiestas. Mi parte **favorita** es mi nuevo dormitorio. Es muy grande y luminosa, y tengo mucho espacio para poner todas mis cosas. Estoy muy contenta con mi nueva casa y creo que seré muy feliz aquí. Decidí explorar un poco más la casa. Subí al segundo piso y empecé a dirigirme a la cocina cuando vi una gran araña negra en la pared. Grité y corrí escaleras abajo. Estaba muy **asustada**. Pero después de unos minutos, me calmé y decidí volver a subir. Me dirigí lentamente a la cocina y vi que la araña había desaparecido. Me sentí muy aliviada. Volví a bajar las escaleras y decidí salir a explorar el **patio trasero**. Era tan grande. No me lo podía creer. Vi un columpio en la esquina y un tobogán. También vi una red de baloncesto y una **cama elástica**. Estaba muy emocionada.

No puedo esperar a usar todas estas cosas nuevas. Los **vecinos** vinieron y se presentaron. Parecían muy simpáticos y estuvimos hablando un rato. Me invitaron a su barbacoa el próximo fin de semana y les dije que me encantaría ir. He pasado una primera semana estupenda en mi nueva casa, y estoy entusiasmada con todas las nuevas aventuras que me esperan. Hoy voy a ir a explorar de nuevo el patio trasero y ver qué más puedo encontrar. Quién sabe, quizá encuentre algún **tesoro**. Estoy deseando ver lo que me depara

porterà la prossima settimana! La settimana successiva sono andata di nuovo in esplorazione nel cortile e ho trovato un giardino **segreto**. Era così bello! C'erano fiori dappertutto e un laghetto con i pesci. Ho visto anche un'altalena che non avevo mai visto prima. Ero così entusiasta di aver trovato questo giardino segreto e non vedo l'ora di esplorarlo ancora. Era così **bello**!

C'erano fiori dappertutto e un laghetto con dei pesci. Ho visto anche un'**altalena** che non avevo mai visto prima. Ero così entusiasta di aver trovato questo giardino segreto e non vedo l'ora di esplorarlo meglio. Mi è piaciuta molto anche la mia nuova stanza. Era così grande e luminosa e sulle pareti c'erano già i poster delle mie band preferite. Non ho nemmeno dovuto portare i miei **mobili**, perché c'erano già un letto, una cassettiera e una scrivania. Questo sarà l'anno migliore di sempre! Ero un po' nervosa all'idea di iniziare una nuova **scuola**, ma tutti i miei nuovi vicini sono stati così amichevoli. Ho persino conosciuto una ragazza che abita nella casa accanto e ha detto che verrà a scuola con me il primo giorno. Adoro la mia nuova casa e sono così entusiasta di iniziare questo nuovo capitolo della mia vita! Domani sarà fantastico! Mi chiedo quali avventure mi aspettano. Tutte le mie cose sono state disfatte e sono pronta per andare a letto. Non vedo l'ora di vedere cosa mi aspetta **domani**!

la próxima semana. A la semana siguiente, volví a explorar el patio trasero y encontré un jardín secreto. Era muy bonito. Había flores por todas partes y un pequeño estanque con peces. También vi un columpio que no había visto antes. Me emocioné mucho al encontrar este jardín secreto, y no puedo esperar a explorarlo más. Era muy **bonito**.

Había flores por todas partes y un pequeño estanque con peces. También vi un **columpio** que no había visto antes. Me emocionó mucho encontrar este jardín secreto y estoy deseando explorarlo más. También me encantó mi nueva habitación. Era tan grande y luminosa, y ya había pósters de mis grupos favoritos en las paredes. Ni siquiera tuve que traer mis propios **muebles** porque ya había una cama, una cómoda y un escritorio. ¡Este va a ser el mejor año de todos! Estaba un poco nerviosa por empezar en una nueva **escuela**, pero todos mis nuevos vecinos han sido muy amables. Incluso he conocido a una chica que vive en la puerta de al lado y dice que me acompañará al colegio el primer día. Me encanta mi nueva casa y estoy muy emocionada por empezar este nuevo capítulo de mi vida. Mañana va a ser genial. Me pregunto qué aventuras me esperan. Todas mis pertenencias han sido desempacadas y estoy lista para ir a la cama. No puedo esperar a ver lo que me depara **el día de mañana.**

Domande di comprensione

1. Dove vive la persona?

2. Come si trova la persona nella nuova casa?

3. Qual è la parte preferita della nuova casa?

4. Che cosa ha trovato la persona nel giardino?

5. Chi sono i vicini?

6. Come sono stati i primi giorni nella nuova casa?

7. Qual è la parte preferita della nuova stanza?

8. Che cosa ha intenzione di fare domani?

9. Qual è stata la parte migliore della prima settimana nella nuova casa?

Preguntas de comprensión

1. ¿Dónde vive la persona?

2. ¿Qué le parece la persona en la nueva casa?

3. ¿Cuál es la parte favorita de la persona en la nueva casa?

4. ¿Qué encontró la persona en el jardín?

5. ¿Quiénes son los vecinos?

6. ¿Cómo fueron los primeros días de la persona en la nueva casa?

7. ¿Cuál es la parte favorita de la persona en la nueva habitación?

8. ¿Qué piensa hacer la persona mañana?

9. ¿Qué fue lo mejor de la primera semana de la persona en la nueva casa?

Sul treno

Corsi alla stazione ferroviaria, ma ero troppo in ritardo.
Il treno era già partito senza di me. Mi sentivo così
arrabbiata e **delusa** con me stessa. Avevo intenzione
di prendere il treno per andare a trovare i miei nonni
che vivono in campagna, ma ora avrei dovuto aspettare
un'ora intera per il treno successivo. Decisi invece di
passeggiare un po' per la città, cercando di dimenticare
l'occasione persa. Mentre camminavo, ho iniziato a
sognare a occhi aperti tutti i luoghi in cui il **treno** può
portarti. Improvvisamente, non ero più così arrabbiata.
Rientro in stazione e non posso fare a meno di notare
la grande locomotiva rossa, bianca e blu che si dirige
verso di me. Solo quando vedo il **capotreno che** mi
saluta dal finestrino capisco che quel treno è per me.
Salgo sul treno e trovo il mio posto, sistemandomi per
quello che si preannuncia un lungo viaggio.

Mentre usciamo dalla stazione, non posso fare a meno
di chiedermi dove mi porterà questo treno. Attraverso
campi verdi e fiumi blu, passando per montagne e valli,
non si sa dove andrà questo vecchio treno. Quando
inizia a calare la notte, mi addormento in un sonno
tranquillo, cullato dal movimento **ritmico** dei vagoni
sui binari sottostanti. Quando arriva il mattino, apro gli
occhi e scopro che siamo arrivati in una piccola città
nel bel mezzo del nulla. Il sole fa appena capolino
all'orizzonte, mentre la gente del posto inizia a girare
per la Main Street; sembra un giorno come un altro,
tranne che per una cosa: c'è un grande cartello affisso

En el tren

Corrí a la estación de tren, pero llegué demasiado tarde. El tren ya había partido sin mí. Me sentí muy **enfadada** y **decepcionada** conmigo misma. Había planeado coger el tren para visitar a mis abuelos, que viven en el campo, pero ahora tendría que esperar una hora entera al siguiente tren. Decidí pasear un rato por la ciudad y tratar de olvidar la oportunidad perdida. Mientras caminaba, empecé a **soñar** con todos los lugares a los que te puede llevar **el tren**. De repente, ya no estaba tan molesto. Vuelvo a la estación y no puedo evitar fijarme en la gran locomotora roja, blanca y azul que se dirige hacia mí. No es hasta que veo al **revisor saludándome** desde la ventanilla cuando me doy cuenta de que ese tren es para mí. Subo al tren y encuentro mi asiento, acomodándome para lo que promete ser un largo viaje.

Mientras salimos de la estación, no puedo evitar preguntarme a dónde me llevará este tren. A través de **campos** verdes y ríos azules, pasando por montañas y valles, no se sabe adónde irá este viejo tren. Cuando empieza a caer la noche, me quedo dormido, arrullado por el movimiento **rítmico** de los vagones en las vías. Cuando vuelve a amanecer, abro los ojos y veo que hemos llegado a un pequeño pueblo en medio de la nada. El sol acaba de asomar por el horizonte mientras los lugareños comienzan a arremolinarse en la calle principal; parece un día cualquiera aquí, excepto por una cosa: hay un gran cartel colocado

vicino al municipio che recita "Benvenuti a bordo!".
Sembra che questa piccola città ci stesse aspettando,
anche se siamo solo un normale treno **passeggeri**
di passaggio sulla nostra strada. Mentre ci lasciamo
ancora una volta la città alle spalle, andando verso
chissà dove, sorrido a tutte le facce amichevoli che
ci salutano da quelle casette incastonate tra i **campi
coltivati:** è davvero incredibile come qualcosa di così
apparentemente ordinario possa portare tanta gioia
semplicemente passando di lì. E poi, naturalmente, ci
sono i **bambini**.

Mi affaccio al finestrino della mia locomotiva. Mi fanno
sempre sentire così felice con i loro occhi lucidi e i
loro grandi sorrisi. Li saluto energicamente prima di
tornare nella mia **cabina** e sedermi. È stata già una
lunga giornata, ma non è ancora finita; mancano ancora
alcune ore per raggiungere la nostra **destinazione**
finale. Tiro fuori il mio libro e inizio a leggere, lasciando
che il dondolio ritmico del treno mi culli in uno stato
di pace. Di tanto in tanto alzo lo sguardo verso il
paesaggio che passa fuori: non diventa mai vecchio,
anche se lo vedo tante volte. Alla fine inizia a calare
la notte e le luci **scintillanti** cominciano ad apparire
in lontananza; ci stiamo avvicinando. Presto entriamo
nella stazione e ci fermiamo. Mentre i passeggeri
iniziano a scendere, non posso fare a meno di **riflettere**
su come i treni siano sempre stati una parte importante
della mia vita. Mi hanno portato in tante avventure, reali
e **immaginarie**, e per questo gli sarò sempre grato.

cerca del Ayuntamiento que dice "¡Bienvenidos a bordo!". Parece que esta pequeña ciudad nos ha estado esperando, a pesar de que sólo somos un tren de **pasajeros** ordinario que pasa por aquí de camino a otro lugar. Mientras dejamos atrás la ciudad una vez más, avanzando hacia quién sabe dónde, sonrío al ver todas las caras amistosas que se despiden desde esas pequeñas casas enclavadas entre **los campos de cultivo;** es realmente increíble cómo algo tan aparentemente ordinario puede traer tanta alegría simplemente por pasar. Y luego, por supuesto, están los **niños**.

Me asomo a la ventana de mi locomotora. Siempre me hacen sentir tan feliz con sus ojos brillantes y sus grandes sonrisas. Les devuelvo el saludo con energía antes de volver a mi **cabina** y tomar asiento. Ya ha sido un día muy largo, pero aún no ha terminado; todavía faltan algunas horas para llegar a nuestro **destino final**. Saco mi libro y empiezo a leer, dejando que el rítmico balanceo del tren me adormezca. De vez en cuando levanto la vista para ver el paisaje que pasa por el exterior; nunca pasa de moda, no importa cuántas veces lo vea. Finalmente, la noche comienza a caer y las luces **parpadeantes** empiezan a aparecer en la distancia; nos estamos acercando. Pronto entramos en la estación y nos detenemos. Mientras los pasajeros empiezan a desembarcar, no puedo evitar **reflexionar** sobre cómo los trenes han sido siempre una parte tan importante de mi vida. Me han llevado a muchas aventuras, tanto reales como **imaginarias**, y por ello les estaré siempre agradecido.

Domande di comprensione

1. Dove va il treno?

2. Chi viaggia sul treno?

3. Quando parte il treno?

4. Come fa il protagonista a salire sul treno?

5. Da dove viene il treno?

6. Dove è diretto il treno?

7. Quando sono arrivati i passeggeri?

8. Come si sente il protagonista quando perde il treno?

9. Come reagisce il macchinista quando vede il protagonista?

10. Perché al protagonista piacciono i treni?

Preguntas de comprensión

1. ¿Adónde va el tren?

2. ¿Quién viaja en el tren?

3. ¿Cuándo sale el tren?

4. ¿Cómo sube el protagonista al tren?

5. ¿De dónde viene el tren?

6. ¿Adónde va el tren ahora?

7. ¿Cuándo llegaron los pasajeros?

8. ¿Cómo se siente el protagonista cuando pierde el tren?

9. ¿Cómo reacciona el conductor del tren cuando ve al protagonista?

10. ¿Por qué le gustan los trenes al protagonista?

Cucinare la cena

Sono le 17.00 e sto tornando a casa dal lavoro. Non vedo l'**ora** di passare una serata tranquilla a casa con il mio compagno. Cucineremo insieme la cena e poi ci rilasseremo per il resto della serata. È bello sapere che questa **sera non ho** programmi o obblighi. Arrivo a casa e il mio partner è già in cucina a preparare la cena. C'è un profumo **fantastico** qui dentro! Chiacchieriamo mentre cuciniamo, raccontandoci le nostre giornate e condividendo piccole storie della nostra vita lavorativa. La cucina è la mia stanza preferita del nostro appartamento. Adoro cucinare e soprattutto adoro farlo con il mio compagno. Ci divertiamo sempre molto qui dentro, ridendo e scherzando mentre cuciniamo. Inoltre, il cibo è sempre **incredibile** quando lavoriamo **insieme**.

Stasera prepariamo una delle mie ricette preferite di sempre: il **pollo** alla parmigiana. Il mio collega inizia a impanare il pollo, mentre io faccio cuocere la salsa sul **fuoco**. Lavoriamo insieme come una macchina ben oliata e in poco tempo la cena è pronta da servire. Ci sediamo al tavolo della nostra cucina con i **piatti** colmi di pollo alla parmigiana, pasta e insalata. Facciamo tintinnare i bicchieri e assaggiamo il primo boccone... ed è **paradisiaco**! Il pollo è croccante all'esterno ma succoso all'interno; il sugo è saporito e perfetto; la pasta è cotta al dente... tutto ha un sapore assolutamente perfetto stasera. Sappiamo entrambi che questa è stata una di quelle sere in cui tutto si è unito alla perfezione, mentre **assaporiamo** fino

Cocinar la cena

Son las 5 de la tarde y estoy volviendo a casa desde el trabajo. Estoy **deseando pasar** una noche tranquila en casa con mi pareja. Prepararemos la cena juntos y luego nos relajaremos el resto de la noche. Me siento bien al saber que no tengo ningún plan ni obligación esta **noche**. Llego a casa y mi pareja ya está en la cocina, empezando a preparar nuestra cena. Huele **de maravilla**. Charlamos mientras cocinamos, poniéndonos al día y compartiendo pequeñas historias de nuestras vidas laborales. La cocina es mi habitación favorita de nuestro apartamento. Me encanta cocinar, y sobre todo cocinar con mi pareja. Siempre nos lo pasamos muy bien aquí, riendo y bromeando mientras cocinamos. Además, la comida siempre es **increíble** cuando trabajamos **juntos**.

Esta noche vamos a preparar una de mis recetas favoritas: **pollo** a la parmesana. Mi compañero empieza a empanar el pollo mientras yo pongo la salsa a hervir a **fuego** lento. Trabajamos juntos como una máquina bien engrasada y, en poco tiempo, la cena está lista para servir. Nos sentamos en nuestra pequeña mesa de cocina con **platos llenos** de pollo a la parmesana, pasta y ensalada. Brindamos por los vasos y damos el primer bocado, ¡y es **celestial**! El pollo está crujiente por fuera pero jugoso por dentro; la salsa es sabrosa y perfecta; la pasta está cocida al dente... todo sabe absolutamente perfecto esta noche. Los dos sabemos que esta fue una de esas noches en las que todo salió

all'ultimo boccone il nostro delizioso pasto. Il sapore era persino migliore del profumo, che era dannatamente buono! Finiamo il pasto relativamente in fretta, visto che oggi nessuno dei due ha particolarmente fame, ma ci prendiamo il tempo necessario per goderci qualche altro **bicchiere di** vino chiacchierando con leggerezza di questo e quell'argomento. Dopo cena, puliamo velocemente insieme e poi ci spostiamo in salotto, dove passiamo un po' di tempo **a coccolarci** sul divano guardando la TV.

È così bello stare vicini dopo una lunga giornata di **lavoro**. Mi sento soddisfatta. Anche se non abbiamo avuto una serata movimentata, è stato bello passare un po' di tempo insieme senza dover uscire di casa. Abbiamo guardato un film e siamo andati a letto presto, sentendoci **soddisfatti** della nostra semplice serata. Questa è diventata una delle cose che **preferiamo** fare nelle sere in cui non vogliamo uscire: rilassarci a casa e goderci la reciproca compagnia con un pasto fatto in casa. È sempre bello sapere che possiamo tornare qui dopo una lunga giornata ed essere semplicemente noi stessi. **Alla fine** entrambi iniziamo a sbadigliare, così decidiamo di andare a letto al piano di sopra, dove leggiamo un po' prima di accoccolarci sotto le coperte e addormentarci profondamente.

a la perfección mientras **saboreamos** hasta el último
bocado de nuestra deliciosa comida. Sabía incluso
mejor de lo que olía, ¡que era muy bueno! Terminamos
la comida relativamente rápido, ya que ninguno de
los dos tiene especial hambre hoy, pero nos tomamos
nuestro tiempo para disfrutar de unas cuantas **copas**
de vino más mientras charlamos ligeramente sobre
este y aquel tema. Después de la cena, limpiamos
juntos rápidamente y nos trasladamos al salón, donde
pasamos un rato **acurrucados** en el sofá mientras
vemos la televisión.

Es tan agradable estar cerca el uno del otro después
de un largo día **de trabajo** separados. Me siento
satisfecha. Aunque no hemos tenido una noche
agitada, ha sido agradable pasar un rato juntos sin
tener que salir de casa. Vimos una película y nos
fuimos a la cama temprano, **satisfechos** de nuestra
sencilla noche. Esto se ha convertido en una de
nuestras actividades **favoritas** en las noches en las
que no queremos salir: relajarnos en casa y disfrutar de
la compañía del otro con una comida casera. Siempre
es agradable saber que podemos volver aquí después
de un largo día y ser nosotros mismos. Al **final**, los dos
empezamos a bostezar, así que decidimos subir a la
cama, donde leemos un rato antes de acurrucarnos
bajo las sábanas y quedarnos profundamente
dormidos.

Domande di comprensione

1. Da dove viene il narratore?

2. Cosa fa il narratore dopo il lavoro?

3. Cosa mangia il narratore per cena?

4. Perché al narratore piace la cucina?

5. Che tipo di piatto cucina la coppia?

6. Come si sente il narratore alla fine della serata?

7. Qual è la cosa che la coppia preferisce fare?

8. Cosa fa la coppia quando è stanca?

9. Dove dormono?

10. Perché al narratore piace stare a casa?

Preguntas de comprensión

1. ¿De dónde viene el narrador?

2. ¿Qué hace el narrador después del trabajo?

3. ¿Qué cena el narrador?

4. ¿Por qué le gusta la cocina al narrador?

5. ¿Qué tipo de plato cocina la pareja?

6. ¿Cómo se siente el narrador al final de la noche?

7. ¿Qué es lo que más le gusta hacer a la pareja?

8. ¿Qué hace la pareja cuando se cansa?

9. ¿Dónde duermen?

10. ¿Por qué al narrador le gusta quedarse en casa?

Camminare verso casa

Era una notte **tranquilla** mentre tornavo a casa dal lavoro. Mentre camminavo, non potevo fare a meno di sorridere ai ricordi. Era bello tornare nel mio vecchio quartiere. Salutai alcune persone che conoscevo e loro ricambiarono il saluto. Era bello essere a casa. Passai davanti alla mia vecchia scuola e **ricordai** tutti i bei momenti passati con i miei amici. Tornavamo sempre a casa insieme e parlavamo della nostra giornata. **A volte ci** fermavamo a prendere un gelato o andavamo al parco. Erano i momenti migliori. Mi mancano quei momenti. Ma ora ho la mia famiglia e sono felice della mia vita. Sono felice di poter guardare indietro a quei ricordi e sorridere. Sono una parte della mia vita che conserverò per sempre. Erano i tempi migliori. Mi mancano quei tempi. Ma ora ho la mia famiglia e sono felice della mia vita. Sono felice di poter guardare indietro a quei **ricordi** e sorridere. Sono una parte della mia vita che conserverò per sempre.

Continuo a camminare, pensando ai bei momenti passati con i miei amici. So che li rivedrò presto. Mi dirigo verso casa e decido di passeggiare in un parco lì vicino. Il sole sta tramontando e il cielo sta diventando di un **bel** colore arancione. Il parco è vuoto, a parte qualche uccello che cinguetta tra gli alberi. Faccio un **respiro** profondo e sorrido. Mentre cammino nel parco, vedo una stella cadente che attraversa il cielo. Esprimo un desiderio su quella stella e continuo a camminare.

Caminando a casa

Era una noche **tranquila mientras volvía** a casa desde el trabajo. Mientras caminaba, no pude evitar sonreír ante los recuerdos. Me sentí bien al volver a mi antiguo barrio. Saludé a algunos conocidos y ellos me devolvieron el saludo. Era bueno estar en casa. Pasé por delante de mi antiguo colegio y **recordé** todos los buenos momentos que pasé con mis amigos. Siempre íbamos juntos a casa y hablábamos de nuestro día. **A veces** nos parábamos a tomar un helado o íbamos al parque. Eran los mejores momentos. Echo de menos esos momentos. Pero ahora tengo mi propia familia y soy feliz con mi vida. Me alegro de poder recordar esos momentos y sonreír. Son una parte de mi vida que siempre apreciaré. Fueron los mejores tiempos. Echo de menos esos tiempos. Pero ahora tengo mi propia familia y soy feliz con mi vida. Me alegro de poder recordar esos **momentos** y sonreír. Son una parte de mi vida que siempre apreciaré.

Sigo caminando, pensando en los buenos momentos que pasé con mis amigos. Sé que los volveré a ver pronto. Me dirijo hacia mi casa y decido pasear por un parque cercano. El sol se está poniendo y el cielo se está volviendo de un **hermoso color** naranja. El parque está vacío, a excepción de algunos pájaros que cantan en los árboles. **Respiro** profundamente y sonrío. Mientras camino por el parque, veo una estrella fugaz que cruza el cielo. Pido un deseo a esa estrella y sigo caminando. Pienso en mi día de trabajo y en

Penso alla mia giornata di lavoro e a quanto sia stata **tranquilla**. Sorrido tra me e me, pensando a quanto sono fortunata ad avere un lavoro così bello. Cammino verso casa, **sentendo** l'aria fresca della notte sulla mia pelle. Mi sento così viva e felice, godendomi il semplice atto di tornare a casa in una notte tranquilla.
Mi sentivo così bene che iniziai a **fischiettare**. Passai accanto ad alcune persone per strada, ma tutte si facevano gli affari loro.

Svoltato l'angolo della mia strada, vidi il gatto del mio vicino, Mr. Whiskers, seduto sul mio portico. Lo salutai e lui ricambiò il miagolio. **Aprii la** porta ed entrai.
Ero così felice di essere a casa. Mi tolsi le scarpe e mi preparai per andare a letto. Quella sera andai a letto felice e grata, con il cuore pieno d'amore. Dormii profondamente per tutta la notte, senza preoccuparmi di nulla. Mi svegliai da un sonno ristoratore e fui **accolta** dal sole che entrava dalla finestra. Mi alzai dal letto e mi stiracchiai, facendo un respiro profondo e sentendo l'aria fresca riempirmi i polmoni. Mi avvicinai alla finestra e guardai fuori, sentendo gli uccelli cinguettare e gli **scoiattoli** giocare. Sorrisi e andai a vestirmi, sentendomi felice e soddisfatta. Ho trascorso una bella giornata, trascorrendo del tempo con i miei **amici** e la mia famiglia. Ho riso e scherzato e mi sono **divertita**.

lo **tranquilo que** ha sido. Sonrío para mis adentros, pensando en la suerte que tengo de tener un trabajo tan bueno. Vuelvo a casa, **sintiendo** el aire fresco de la noche en mi piel. Me siento tan viva y feliz, disfrutando del simple hecho de volver a casa en una noche tranquila.

Me sentí tan bien que empecé a **silbar**. Pasé por delante de algunas personas en la calle, pero todas estaban ocupadas en sus propios asuntos.

Doblé la esquina de mi calle y vi al gato de mi vecino, el Sr. Bigotes, sentado en mi porche. Le saludé y me devolvió el maullido. **Abrí** la puerta y entré. Estaba muy contenta de estar en casa. Me quité los zapatos y me preparé para ir a la cama. Esa noche me acosté feliz y agradecida, con el corazón lleno de amor. Dormí profundamente toda la noche, sin preocuparme por nada. Me desperté de un sueño reparador y **me recibió** el sol que entraba por la ventana. Me levanté de la cama y me estiré, respirando profundamente y sintiendo cómo el aire fresco llenaba mis pulmones. Me acerqué a la ventana y miré hacia fuera, escuchando el canto de los pájaros y el juego de **las ardillas**. Sonreí y fui a vestirme, sintiéndome feliz y contenta. He pasado un día estupendo, pasando tiempo con mis **amigos** y mi familia. Me reí y bromeé y me **divertí**.

Domande di comprensione

1. Cosa stava facendo il protagonista quando è iniziata la storia?

2. A cosa pensava il protagonista mentre tornava a casa?

3. Cosa faceva il protagonista con gli amici dopo la scuola?

4. Cosa manca al protagonista di quei tempi?

5. Cosa pensa il protagonista della sua vita attuale?

6. Cosa fa il protagonista quando vede una stella cadente?

7. Come si sente il protagonista quando torna a casa?

8. Cosa fa il protagonista quando torna a casa?

Preguntas de comprensión

1. ¿Qué hacía el protagonista cuando empezó la historia?

2. ¿En qué pensaba el protagonista cuando volvía a casa?

3. ¿Qué solía hacer el protagonista con sus amigos después del colegio?

4. ¿Qué echa de menos el protagonista de aquellos tiempos?

5. ¿Qué piensa el protagonista de su vida actual?

6. ¿Qué hace el protagonista cuando ve una estrella fugaz?

7. ¿Cómo se siente el protagonista cuando vuelve a casa?

8. ¿Qué hace el protagonista al llegar a casa?

Il castello

La famiglia aveva sempre desiderato visitare un antico
castello in **Germania** e finalmente ha intrapreso
il viaggio. Non sono rimasti **delusi**. Il castello era
bellissimo e si sono divertiti a esplorare le sue stanze
e i suoi corridoi. La prima cosa che li colpì fu l'odore.
Trovarono **muffa**, umidità e qualcos'altro che non
riuscirono a definire con precisione. La seconda cosa
è stata il suono. I muri di pietra sono spessi, ma non
attutiscono completamente il suono. Sentirono ogni
passo, ogni parola pronunciata con voce normale e
l'occasionale gocciolio dell'acqua **da qualche parte**
in lontananza. Quando i loro occhi si adattarono alla
luce fioca, videro le massicce mura di pietra che
incombevano intorno a loro, con gli arazzi appesi a
brandelli.

Si trovavano in un'enorme sala con un alto soffitto
sostenuto da pilastri scolpiti. Anche a loro piaceva
molto la vista che si godeva dalle torrette e i bambini
si divertivano un mondo a correre per il parco. Quando
finirono di esplorare il castello, il **sole** era già tramontato
e si pentirono di non aver portato una **torcia**. Decisero
di tornare all'ingresso, ma si persero subito. Vagarono
per ore e ore, finché alla fine trovarono una porta che
conduceva all'esterno. Proseguirono fino **alla** fine del
corridoio e si trovarono davanti a un'imponente serie
di doppie porte. Per quanto potessero, le porte non si
muovevano. Scricchiolano **minacciosamente**, ma non
si muovono di un millimetro. Sembrava che chiunque
fosse stato qui prima dovesse essere passato di qui

El castillo

La familia siempre había querido visitar un antiguo castillo en **Alemania,** y finalmente hicieron el viaje. No **les decepcionó**. El castillo era precioso y disfrutaron explorando sus numerosas habitaciones y pasillos. Lo primero que les llamó la atención fue el olor. Encontraron **moho**, humedad y algo más que no pudieron determinar. Lo segundo fue el sonido. Las paredes de piedra son gruesas, pero no amortiguan el sonido por completo. Oyeron cada paso, cada palabra pronunciada con voz normal y el ocasional goteo de agua en **algún lugar** de la distancia. Cuando sus ojos se adaptaron a la escasa luz, vieron que a su alrededor se alzaban enormes muros de piedra, de los que colgaban tapices **hechos jirones**. Se encontraban en un enorme salón con un alto techo sostenido por pilares tallados. También les encantaron las vistas desde las torretas, y los niños se lo pasaron en grande corriendo por el recinto. El **sol** había empezado a ponerse cuando terminaron de explorar el castillo, y lamentaron no haber traído una **linterna**. Decidieron volver a la entrada, pero pronto se perdieron. Estuvieron dando vueltas durante horas, hasta que finalmente dieron con una puerta que conducía al exterior. Continuaron hasta **llegar** al final del pasillo y se encontraron con un imponente conjunto de puertas dobles. Por mucho que lo intenten, las puertas no se mueven. Traquetean **siniestramente** pero no se mueven ni un centímetro. Parece que quienquiera que haya estado aquí antes debe haber pasado por aquí y haberlas cerrado desde dentro. Finalmente, encuentran una salida. El alivio los

e averle chiuse dall'interno. Alla fine trovano una via d'uscita. Il sollievo li invade mentre escono nell'aria fresca della notte.

Il sole aveva iniziato a tramontare e si **pentirono di non aver** portato una torcia. Decisero di tornare all'ingresso, ma si persero subito. Vagarono per ore e ore, finché alla fine trovarono una porta che conduceva all'**esterno**. Il sollievo li colse quando uscirono nell'aria fresca della notte. La sera successiva si assicurarono di portare con sé una torcia per esplorare il resto del castello. Attraversarono il **cortile** e scesero fino al fiume che scorreva dietro le mura del **castello**. Mentre camminavano, cominciarono a sentire strani rumori. Sembrava che qualcuno li stesse seguendo. Accelerarono il passo, ma i rumori diventavano sempre più forti e vicini. La famiglia tornò al castello il più velocemente possibile e si accorse con sollievo che la figura con il mantello **scuro** non li aveva seguiti.

Tornarono in camera e cercarono di dimenticare l'accaduto, ma non riuscirono a liberarsi della sensazione che qualcosa li stesse osservando dall'ombra. Una volta entrati, **barricarono** porte e finestre e chiamarono la polizia. Fu una lunga notte, ma alla fine la polizia arrivò e arrestò la figura. In seguito scoprirono che si trattava di un uomo del posto, noto per travestirsi e spaventare la gente. Lo faceva da anni e si trattava solo di uno scherzo **innocuo**. Tuttavia, questa volta aveva esagerato e aveva spaventato le persone sbagliate. La polizia lo ha arrestato e accusato di violazione di domicilio e disturbo della quiete pubblica.

invade cuando salen al aire fresco de la noche.

El sol empezaba a ponerse y **lamentaron no haber**
traído una linterna. Decidieron volver a la entrada, pero
pronto se perdieron. Estuvieron dando vueltas durante
horas, hasta que finalmente dieron con una puerta
que conducía **al exterior**. El alivio los invadió cuando
salieron al aire fresco de la noche. A la noche siguiente,
se aseguraron de llevar una linterna para explorar
el resto del castillo. Atravesaron el **patio** y bajaron
hasta el río que corría detrás de los muros del castillo.
Mientras caminaban, empezaron a oír ruidos extraños.
Parecía que alguien les seguía. Aceleraron el paso,
pero los ruidos eran cada vez más fuertes y cercanos.
La familia corrió de vuelta al castillo tan rápido como
pudo, y se sintió aliviada al ver que la figura de la capa
oscura no les había seguido.

Volvieron a su habitación y trataron de olvidar lo
sucedido, pero no pudieron quitarse de encima la
sensación de que algo les observaba desde las
sombras. Una vez dentro, **pusieron barricadas** en las
puertas y ventanas y llamaron a la policía. La noche
fue larga, pero finalmente la policía llegó y detuvo a la
figura. Más tarde descubrieron que se trataba de un
hombre de la zona conocido por disfrazarse y asustar
a la gente. Llevaba años haciéndolo y no era más que
una broma **inofensiva**. Sin embargo, esta vez fue
demasiado lejos y asustó a la gente equivocada. La
policía le detuvo y le acusó de allanamiento y alteración
del orden público. a la gente.

Domande di comprensione

1. Cosa fece la famiglia quando si perse nel castello?

2. Come si è sentita la famiglia quando ha scoperto che si trattava solo di un uomo del posto?

3. Che cosa ha fatto l'uomo che lo ha fatto arrestare?

4. Qual è stata la sentenza per l'uomo?

5. Quale rumore ha sentito la famiglia mentre camminava?

6. Dov'era la figura con il mantello scuro quando la famiglia lo vide?

7. Che cosa ha fatto la famiglia quando è tornata nella sua stanza?

8. Quando la famiglia è tornata a esplorare il castello?

9. Qual era la cosa che la famiglia non riusciva a capire?

Preguntas de comprensión

1. ¿Qué hizo la familia cuando se perdió en el castillo?

2. ¿Cómo se sintió la familia cuando se enteró de que era sólo un hombre de la zona?

3. ¿Qué hizo el hombre para que lo detuvieran?

4. ¿Cuál fue la sentencia para el hombre?

5. ¿Qué ruido escuchó la familia mientras caminaba?

6. ¿Dónde estaba la figura de la capa oscura cuando la familia lo vio?

7. ¿Qué hizo la familia al volver a su habitación?

8. ¿Cuándo volvió la familia a explorar el castillo?

9. ¿Qué era lo que la familia no podía entender?

Il mio giardino

Il mio giardino è il mio luogo felice. Esco ogni giorno, con la pioggia o con il sole, e passo il tempo a curare le mie piante. Ho un po' di **tutto: verdure**, frutta, fiori, erbe aromatiche. Ho anche alcune galline che mi aiutano a tenere lontani i parassiti. Inizio le mie giornate in giardino raccogliendo le uova dalle galline. Poi controllo le verdure, assicurandomi che ricevano acqua e sole a sufficienza. Diserbo le aiuole e rimuovo gli insetti che potrebbero **attaccare** le piante. Una volta sistemato **tutto**, mi siedo e mi godo la pace e la tranquillità della natura.

Ho sempre amato trascorrere del tempo nel mio giardino. C'è qualcosa nell'essere circondati dalla natura e da tutta la **bellezza che** ha da offrire. Trovo che sia un luogo molto tranquillo e rilassante. Spesso trascorro il tempo nel mio giardino rilassandomi e godendomi il paesaggio. Mi piace anche lavorare nel mio giardino e coltivare. Ho un giardino di buone dimensioni e mi piace coltivare **diverse** cose. Coltivo fiori, **verdure** ed erbe aromatiche. Ho anche alcuni alberi da frutto che producono mele, pere e prugne deliziose. Oltre a coltivare, mi piace anche passare il tempo passeggiando nel mio giardino, **ammirando** tutte le piante e gli animali che lo abitano. Negli anni ho trascorso molte ore a lavorare per rendere il mio **giardino** un luogo non solo bello ma anche funzionale. Mi piace osservare gli uccelli che svolazzano in giro e ascoltarli cantare. A volte tiro fuori un libro e leggo in

Mi jardín

Mi jardín es mi lugar feliz. Salgo todos los días, llueva o haga sol, y me dedico a cuidar mis plantas. Tengo un poco de **todo: verduras**, frutas, flores y hierbas. Incluso tengo unas cuantas gallinas que me ayudan a mantener a raya las plagas. Empiezo mis días en el jardín recogiendo los huevos de las gallinas. Luego compruebo que las verduras reciben suficiente agua y sol. Deshierbo los parterres y elimino los bichos que puedan estar **atacando** las plantas. Una vez que **todo** está resuelto, me siento a disfrutar de la paz y la tranquilidad de la naturaleza.

Siempre me ha gustado pasar tiempo en mi jardín. Hay algo en estar rodeado de la naturaleza y de toda la **belleza que** ofrece. Me parece un lugar muy tranquilo y calmado. A menudo paso tiempo en mi jardín relajándome y disfrutando del paisaje. También me gusta trabajar en mi jardín y cultivar cosas. Tengo un jardín bastante grande y me gusta cultivar **diferentes** cosas en él. Cultivo flores, **verduras** y hierbas. También tengo algunos árboles frutales que producen deliciosas manzanas, peras y ciruelas. Además de cultivar cosas, también me gusta pasar tiempo paseando por mi jardín, **admirando todas las** plantas y animales que lo llaman hogar. He pasado muchas horas a lo largo de los años trabajando para hacer de mi **jardín** un lugar no sólo hermoso sino también funcional. Me encanta ver a los pájaros revolotear y escucharlos cantar. A veces incluso saco un libro y leo en el jardín mientras estoy rodeada

giardino, circondata da tutta la bellezza che ho creato.
Il **giardinaggio** è la mia passione e mi porta tanta gioia.
Ogni giorno nel mio giardino è un buon giorno.

Una delle cose che amo fare è cucinare, quindi avere
un giardino di erbe aromatiche ben fornito è molto
importante per me. Timo, basilico, origano, rosmarino,
salvia e lavanda sono solo alcune delle erbe che mi
piace coltivare nel mio giardino per poterle usare
quando cucino per me o per gli **ospiti**. Un'altra cosa
importante per me quando si tratta del mio giardino è
assicurarmi che ci sia molto colore in tutto il giardino.
Per raggiungere questo obiettivo, coltivo un'ampia
varietà di fiori, tra cui **rose**, gigli, margherite, tulipani,
impatiens, calendule, ecc. Oltre ad aggiungere colore
con i fiori, mi piace anche aggiungere interesse
utilizzando diverse **texture** in tutto il giardino. Per
esempio, potrei piantare felci sotto imponenti girasoli
o hosta **accanto a** spigolose erbe ornamentali.
Indipendentemente da ciò che accade nella vita,
lavorare nel mio giardino **riesce** sempre a farmi sentire
più connessa con la natura e in pace con me stessa.

de toda la belleza que he creado. **La jardinería** es mi pasión y me da mucha alegría. Cada día en mi jardín es un buen día.

Una de las cosas que me gusta hacer es cocinar, así que tener un jardín de hierbas bien surtido es muy **importante para** mí. El tomillo, la albahaca, el orégano, el romero, la salvia y la lavanda son algunas de las hierbas que me gusta cultivar en mi jardín para poder utilizarlas cuando cocino para mí o para **mis invitados**. Otra cosa importante para mí cuando se trata de mi jardín es asegurarse de que haya mucho color en él. Para conseguirlo, cultivo una gran variedad de flores, como **rosas**, lirios, margaritas, tulipanes, impatiens, caléndulas, etc. Además de añadir color con las flores, también me gusta añadir interés utilizando diferentes **texturas** por todo el jardín. Por ejemplo, puedo plantar helechos debajo de grandes girasoles o hostas **junto a** hierbas ornamentales de punta. Independientemente de lo que me ocurra en la vida, trabajar en mi jardín siempre **me ayuda a** sentirme más conectada con la naturaleza y en paz conmigo misma.

Domande di comprensione

1. Dove si trova il giardino dell'autore?

2. Quanti polli ha l'autore?

3. Che cosa fa l'autore in giardino ogni giorno?

4. Perché all'autore piace il giardino?

5. Quali sono le erbe che l'autore pianta nel giardino?

6. Perché è importante per l'autore che ci siano molti colori nel suo giardino?

7. Come fa l'autore a dare varietà al suo giardino?

8. Come si sente l'autore quando lavora nel suo giardino?

9. Cosa fa sentire l'autore in sintonia quando è nel suo giardino?

10. Perché ogni giorno nel giardino dell'autore è un buon giorno?

Preguntas de comprensión

1. ¿Dónde está el jardín del autor?

2. ¿Cuántos pollos tiene el autor?

3. ¿Qué hace el autor en el jardín cada día?

4. ¿Por qué le gusta el jardín al autor?

5. ¿Qué hierbas planta el autor en el jardín?

6. ¿Por qué es importante para el autor que haya muchos colores en su jardín?

7. ¿Cómo aporta el autor variedad a su jardín?

8. ¿Cómo se siente el autor cuando trabaja en su jardín?

9. ¿Qué hace que el autor se sienta conectado cuando está en su jardín?

10. ¿Por qué cada día en el jardín del autor es un buen día?

Fare shopping

Mi piace andare **a fare shopping al** centro commerciale. È sempre molto divertente passeggiare e guardare tutti i diversi negozi. Al centro commerciale ce n'è per tutti i gusti ed è sempre un ottimo posto per trovare offerte su vestiti, scarpe e accessori. **Di solito** inizio il mio shopping attraversando l'**ingresso** principale del centro commerciale. Da lì, mi dirigo prima verso i miei negozi preferiti. Dopo aver dato un'occhiata a quei negozi, vado in giro a vedere se ci sono saldi in corso in altri posti. Di solito trascorro un paio d'ore nel centro commerciale prima di fare i miei acquisti. Mi piace sempre prendermi il tempo necessario per fare shopping, **perché** voglio essere sicura di acquistare **esattamente** ciò che voglio. In più, così è più divertente!

Trovo sempre molto **affascinante** osservare le persone mentre sono al centro commerciale. Si può capire molto di una persona dal modo in cui fa acquisti. Alcune persone sono molto metodiche e si prendono il loro tempo, mentre altre sembrano prendere **tutto quello che** possono e dirigersi alla cassa il più velocemente possibile. Ci sono anche quelli che sembrano più interessati a parlare al cellulare o a mandare messaggi piuttosto che guardare la merce! A prescindere dal tipo di acquirente, però, sembra che a tutti piaccia guardare le vetrine, anche se non si compra nulla. C'è qualcosa che mi rende felice nel guardare tutte le belle cose nelle **vetrine** dei negozi. A volte fantastico su come sarebbe se potessi permettermi **tutto quello che** vedo! Tutto

Ir de compras

Me encanta ir **de compras** al centro comercial.
Siempre es muy divertido pasear y ver todas las
tiendas. Hay algo para todo el mundo en el centro
comercial, y siempre es un buen lugar para encontrar
ofertas en ropa, zapatos y accesorios. **Suelo** empezar
mis compras por la **entrada** principal del centro
comercial. Desde allí, me dirijo primero a mis tiendas
favoritas. Después de mirar esas tiendas, me doy una
vuelta para ver si hay rebajas en otros sitios. Suelo
pasar un par de horas en el centro comercial antes
de hacer mis compras. Siempre me gusta tomarme
mi tiempo cuando voy de compras, **porque** quiero
asegurarme de que compro **exactamente** lo que
quiero. Además, así es más divertido.

Siempre me parece **fascinante** observar a la gente
mientras estoy en el centro comercial. Se puede saber
mucho de una persona por su forma de comprar.
Algunas personas son muy metódicas y se toman
su tiempo, mientras que otras parecen coger **todo
lo que** pueden y dirigirse a la caja lo más rápido
posible. También hay compradores que parecen más
interesados en hablar por el móvil o enviar mensajes
de texto que en mirar la mercancía. Sin embargo,
sea cual sea el tipo de comprador, a todo el mundo
le gusta mirar los escaparates, aunque no compre
nada. Hay algo en mirar todas las cosas bonitas de
los **escaparates** que me hace feliz. A veces fantaseo
con cómo sería si pudiera comprar **todo lo** que veo.
En definitiva, pasar un día de compras en el centro

sommato, trascorrere una giornata di shopping al centro commerciale è uno dei miei passatempi preferiti. È un ottimo modo per rilassarsi e distendersi, facendo anche un po' di esercizio fisico (se si cammina abbastanza). Inoltre, è **sempre** bello concedersi una camicia o un paio di scarpe nuove ogni tanto!

Ho avuto una **lunga** giornata di lavoro e finalmente avevo un po' di tempo per me, così ho deciso di andare a fare shopping al centro commerciale. Mi servivano dei vestiti nuovi per la **prossima** stagione. Appena sono entrata, ho visto tutte le luci e le vetrine scintillanti. Mi sono diretta prima al mio negozio preferito e ho iniziato a sfogliare gli scaffali. Ho trovato alcuni top carini e li ho provati nel camerino. Mentre mi guardavo allo specchio, sentii qualcuno entrare nel **camerino** accanto al mio. Ho riconosciuto la sua voce come quella di una mia collega. Ci siamo salutati e abbiamo iniziato a chiacchierare di lavoro. Dopo qualche minuto, entrambi abbiamo finito e siamo andati per la **nostra** strada, ma ci siamo incontrati di nuovo più tardi. Abbiamo continuato a chiacchierare e ci siamo resi conto di avere in comune più di quanto pensassimo. Abbiamo finito di bere e siamo tornate a casa per la notte, **esauste** per la lunga giornata di shopping ma comunque soddisfatte dei nostri acquisti.

comercial es uno de mis pasatiempos favoritos. Es una forma estupenda de relajarse y desconectar al tiempo que se hace un poco de ejercicio (si se camina lo suficiente). Además, **siempre está bien darse un** capricho con una camisa o un par de zapatos nuevos de vez en cuando.

Tuve un **largo** día de trabajo y por fin tuve algo de tiempo para mí, así que decidí ir de compras al centro comercial. Necesitaba ropa nueva para la **próxima** temporada. Nada más entrar, vi todas las luces brillantes y los escaparates relucientes. Me dirigí primero a mi tienda favorita y empecé a mirar los estantes. Encontré unos cuantos tops bonitos y me los probé en el probador. Mientras me miraba en el espejo, oí que alguien entraba en el **probador** contiguo al mío. Reconocí su voz como la de una de mis compañeras de trabajo. Nos saludamos y empezamos a charlar sobre el trabajo. Al cabo de unos minutos, los dos terminamos y nos fuimos por **separado,** pero más tarde volvimos a encontrarnos. Seguimos charlando y nos damos cuenta de que tenemos más cosas en común de las que pensábamos. Terminamos nuestras bebidas y nos dirigimos a casa para pasar la noche, **agotados** por un largo día de compras, pero contentos con nuestras adquisiciones.

Domande di comprensione

1. Dove vi piace di più conservare?

2. Qual è il vostro negozio preferito nel centro commerciale?

3. Quanto tempo si ferma di solito al centro commerciale?

4. Cosa pensa delle persone che trascorrono molto tempo al centro commerciale? 5. Qual è la cosa che preferite fare al centro commerciale?

6. Avete mai comprato qualcosa al centro commerciale quando non ne avevate davvero bisogno?

7. Come reagite quando al centro commerciale vedete qualcosa che vi piacerebbe molto, ma che costa troppo?

8. Avete mai visto qualcosa al centro commerciale e vi siete chiesti chi lo avrebbe comprato?

Preguntas de comprensión

1. ¿Dónde le gusta más almacenar?

2. ¿Cuál es su tienda favorita en el centro comercial?

3. ¿Cuánto tiempo suele permanecer en el centro comercial?

4. ¿Qué opinas de la gente que pasa mucho tiempo en el centro comercial? 5. ¿Qué es lo que más te gusta hacer en el centro comercial?

6. ¿Alguna vez has comprado algo en el centro comercial cuando realmente no lo necesitabas?

7. ¿Cómo reaccionas cuando ves en el centro comercial algo que te gustaría mucho, pero es demasiado caro?

8. ¿Alguna vez has visto algo en el centro comercial y te has preguntado quién lo compraría?

Al mercato

Mi sveglio presto il sabato mattina, desiderosa di andare al **mercato** prima che sia troppo affollato. Mi infilo i vestiti e mi avvio verso la porta, prendendo le mie borse riutilizzabili. Mentre cammino, inizio a pianificare quello che voglio fare per la settimana a venire. So che voglio **arrostire le** verdure almeno una volta, quindi dovrò comprare delle verdure di buona qualità. Voglio anche fare una zuppa o uno stufato, quindi dovrò comprare anche della carne. Dovrò vedere cosa c'è di buono quando arriverò lì. Il mercato è a pochi isolati di distanza e vedo già le bancarelle allestite e la **gente** che vi si aggira.

Arrivo al mercato e mi dirigo subito verso il banco delle verdure. La scelta è bellissima e riempio le mie borse con una grande varietà di prodotti **freschi**. Parlo un po' con il contadino e mi consiglia alcune ricette. Non vedo l'ora di provarle. Mentre faccio la spesa, chiacchiero con i **contadini** per conoscere meglio loro e i loro prodotti. Dopo aver preso tutte le verdure che mi servono, passo al reparto carne. Qui sono un po' più titubante, perché non sono sicuro di quello che voglio prendere. Alla fine scelgo il pollo, perché è versatile e può essere utilizzato in diversi piatti. Compro anche alcuni tagli di carne diversi, assicurandomi di prendere carne di manzo nutrita con erba e **pollo** allevato all'aperto. Il macellaio era un uomo cordiale, sempre allegro nonostante le lunghe ore di lavoro. Mi ha incartato i petti di pollo e la bistecca prima di parlarmi dei suoi programmi per il fine settimana. Lo salutai e

En el mercado

Me levanto temprano el sábado por la mañana, ansiosa por llegar al **mercado** antes de que se llene de gente. Me pongo algo de ropa y salgo por la puerta, cogiendo mis bolsas reutilizables por el camino. Mientras camino, empiezo a planear lo que quiero hacer para la semana que viene. Sé que quiero **asar** verduras al menos una vez, así que tendré que comprar verduras de buena calidad. También quiero hacer una sopa o un guiso, así que también tendré que comprar carne. Tendré que ver qué tiene buena pinta cuando llegue allí. El mercado está a unas pocas manzanas y ya veo los puestos instalados y la **gente** arremolinada.

Llego al mercado y me dirijo directamente al puesto de verduras. La selección es preciosa y lleno mis bolsas con una gran variedad de productos **frescos**. Hablo un rato con el agricultor y me recomienda algunas recetas. Estoy deseando probarlas. Mientras compro, charlo con los **agricultores para** conocerlos a ellos y a sus productos. Cuando tengo todas las verduras que necesito, paso a la sección de carne. Aquí estoy un poco más indecisa, ya que no estoy segura de lo que quiero comprar. Al final me decido por el pollo porque es versátil y se puede utilizar en una gran variedad de platos. También compro varios cortes de carne, asegurándome de comprar carne de vaca alimentada con pasto y **pollo** de corral. El carnicero era un hombre amable, siempre alegre a pesar de las largas horas de trabajo. Me envolvió las pechugas de pollo y el filete antes de charlar conmigo sobre sus planes para el

proseguii per la mia strada. Ho preso anche delle uova e del formaggio dal reparto latticini.

Il mercato era pieno di gente, tutti desiderosi di mettere le **mani sui** prodotti freschi e sulla carne che venivano offerti. Nell'aria si sentiva l'odore dell'aglio e delle cipolle, e il suono delle risate e delle conversazioni riempiva l'aria. Mi feci strada tra la folla, scegliendo gli altri articoli necessari per la mia spesa settimanale. Riempii il mio **cestino** di frutta e verdura, pasta e pane, prima di dirigermi alla cassa. La fila era lunga, ma si snodava rapidamente. Finalmente gli ultimi acquisti furono fatti ed era ora di tornare a casa. La macchina è stata caricata e il viaggio verso casa è stato lungo e noioso. Il traffico era intenso e il caldo opprimente. Alla fine l'auto entrò nel vialetto e il sollievo fu palpabile. La casa era fresca e silenziosa ed era un rifugio dopo il **trambusto** del mercato. Tutto fu messo a posto e la casa tornò presto alla sua solita pace e tranquillità. Avevo tutto il necessario per preparare dei piatti **deliziosi** per me e per la mia famiglia. Era bello essere a casa.

fin de semana. Me despedí de él y seguí mi camino.
También compré huevos y queso en la sección de
productos lácteos.

El mercado bullía de gente, todos ellos ansiosos por
hacerse con los productos frescos y la carne que se
ofrecían. El aire huele a ajo y cebolla, y el sonido
de las risas y las conversaciones llena el ambiente.
Me abrí paso entre la multitud, eligiendo los demás
artículos que necesitaba para mi compra semanal.
Llené mi **cesta** de fruta y verdura, pasta y pan, antes
de dirigirme a la caja. La cola era larga, pero avanzaba
rápidamente. Por fin, compré los últimos **alimentos** y
fue hora de volver a casa. Cargamos el coche y el viaje
a casa fue largo y tedioso. El tráfico era intenso y el
calor era agobiante. Finalmente, el coche entró en la
calzada y el alivio fue palpable. La casa estaba fresca
y tranquila, y era un refugio después del **ajetreo** del
mercado. Todo estaba guardado y la casa pronto volvió
a su tranquilidad habitual. Tenía todo lo que necesitaba
para preparar unas **deliciosas** comidas para mí y para
mi familia. Era bueno estar en casa.

Domande di comprensione

1. Dove sta andando la persona?

2. Cosa vuole comprare la persona?

3. Quante borse ha la persona?

4. Quanto è lontano il mercato?

5. Cosa sta facendo la persona in questo momento?

6. Che cos'è il mercato?

7. Quante persone ci sono nel mercato?

8. Quanto tempo ha impiegato la persona per comprare tutto?

9. Come è tornata a casa la persona?

10. Cosa ha fatto la persona quando è tornata a casa?

Preguntas de comprensión

1. ¿Dónde va la persona?

2. ¿Qué quiere comprar la persona?

3. ¿Cuántas bolsas tiene la persona?

4. ¿A qué distancia está el mercado?

5. ¿Qué está haciendo la persona en este momento?

6. ¿Qué es todo en el mercado?

7. ¿Cuántas personas hay en el mercado?

8. ¿Cuánto tiempo tardó la persona en comprar todo?

9. ¿Cómo se fue la persona a su casa?

10. ¿Qué hizo la persona al llegar a casa?

In un caffè

Era una fredda mattina **d'autunno** e avevo fissato un appuntamento con la mia amica Lily al nostro bar preferito per un caffè. Mi avvolsi al caldo nel mio cappotto e nella sciarpa e mi avviai. Le foglie cadevano dagli alberi e l'aria era pungente, ma il sole splendeva e prometteva di essere una bella giornata. Mentre camminavo, **pensavo** a quanto fosse bello avere un'amica come Lily. Eravamo amiche da anni, da quando ci eravamo conosciute all'**università**. Avevamo legato per il nostro amore per il caffè e per il tempo trascorso a chiacchierare nei bar. Anche se ora vivevamo in zone diverse della città, riuscivamo comunque a vederci per un caffè una volta alla settimana. Arrivai al caffè e Lily era già lì ad aspettarmi. Ci salutammo con un abbraccio e poi ordinammo i nostri caffè. Trovammo un tavolo vicino alla finestra e ci sedemmo a chiacchierare. Il **caffè** era delizioso, come sempre, ed è stato così bello recuperare il tempo perduto con Lily. Parlammo della nostra settimana, dei nostri lavori e dei nostri progetti per il futuro. Era sempre così facile parlare con Lily e mi sembrava di poterle dire tutto. Dopo un po' cominciammo ad avere fame e **decidemmo** di ordinare qualcosa da mangiare.

Ordinammo il cibo e trovammo posto vicino alla finestra. Il sole entrava dalla finestra, rendendo tutto più caldo e felice. Chiacchierammo mentre mangiavamo, godendoci il semplice piacere di stare in **compagnia**. Il caffè era affollato, ma non sembrava affollato. C'era una sensazione di pace e soddisfazione nell'aria.

En una cafetería

Era una fría mañana **de otoño** y había quedado con mi amiga Lily en nuestra cafetería favorita para tomar un café. Me abrigué con mi abrigo y mi bufanda y me puse en marcha. Las hojas se caían de los árboles y el aire era un poco frío, pero el sol brillaba y prometía ser un día precioso. Mientras caminaba, **pensé** en lo bueno que era tener una amiga como Lily. Éramos amigas desde hacía años, desde que nos conocimos en **la universidad**. Nos unía nuestra afición al café y a pasar tiempo charlando en las cafeterías. Aunque ahora vivíamos en zonas distintas de la ciudad, nos las arreglábamos para quedar para tomar un café una vez a la semana. Llegué a la cafetería y Lily ya estaba allí, esperándome. Nos abrazamos y pedimos nuestros cafés. Encontramos una mesa junto a la ventana y nos sentamos a charlar. El **café** estaba delicioso, como siempre, y fue muy agradable ponerse al día con Lily. Hablamos de nuestra semana, nuestros trabajos y nuestros planes para el futuro. Siempre era tan fácil hablar con Lily, y sentía que podía contarle cualquier cosa. Después de un rato, empezamos a tener hambre y **decidimos** pedir algo de comida.

Pedimos la comida y nos sentamos junto a la ventana. El sol entraba por la ventana, haciendo que todo fuera cálido y alegre. Charlamos mientras comemos, disfrutando del simple placer de estar en **compañía** del otro. La cafetería estaba llena de gente, pero no se sentía abarrotada. Había una sensación de paz y satisfacción en el aire. Cuando terminamos la comida,

Finito il cibo, ci sedemmo ancora per un po', godendoci l'**atmosfera** tranquilla. Abbiamo parlato per un po' di cose diverse che stavano accadendo nelle nostre vite. È stato così bello recuperare il tempo perduto con la mia amica e **rilassarsi**. Il sole splendeva attraverso la finestra e sembrava che **nulla** potesse rovinare la nostra giornata perfetta.

All'improvviso sentii un forte schianto. Mi girai e vidi che un uomo era caduto dal soffitto e giaceva sul pavimento di fronte a noi. Era **coperto** di polvere e detriti e sembrava privo di sensi. Io e il mio amico eravamo entrambi sotto shock mentre fissavamo l'uomo steso sul pavimento. Non sapevamo cosa fare o chi chiamare aiuto. Rimanemmo lì a fissarlo, senza sapere cosa fare. Dopo qualche minuto mi sono ripreso e ho chiamato il 911. L'operatore mi disse che qualcuno sarebbe arrivato presto. Riattaccai il telefono e raccontai al mio amico quello che mi aveva detto l'**operatore**. Rimanemmo entrambe sedute ad aspettare l'arrivo dei soccorsi. Sembrava un'eternità, ma alla fine **arrivò** un'ambulanza. I paramedici si precipitarono e iniziarono a lavorare sull'uomo. Hanno subito stabilito che era ferito e che doveva essere portato in **ospedale**. Io e il mio amico eravamo sollevati per l'arrivo dei soccorsi e per il fatto che quell'uomo si sarebbe ripreso. **Finimmo di** mangiare e continuammo la nostra giornata, grati che alla fine tutto fosse andato bene.

nos quedamos sentados un rato más, disfrutando del
ambiente tranquilo. Hablamos durante un rato de
las diferentes cosas que habían pasado en nuestras
vidas. Fue muy agradable ponerse al día con mi amigo
y **relajarse**. El sol brillaba a través de la ventana y
parecía que **nada** podía arruinar nuestro día perfecto.

De repente, oí un fuerte golpe. Me di la vuelta y vi
que un hombre había caído por el techo y estaba
tendido en el suelo frente a nosotros. Estaba **cubierto**
de polvo y escombros y parecía estar inconsciente.
Mi amigo y yo nos quedamos en estado de shock
mientras miramos al hombre tendido en el suelo.
No sabíamos qué hacer ni a quién pedir ayuda. Nos
quedamos sentados mirándole, sin saber qué hacer. Al
cabo de unos minutos, me recuperé y llamé al 911. La
operadora me dijo que alguien llegaría pronto. Colgué
el teléfono y le conté a mi amigo lo que había dicho
la operadora. Nos quedamos sentados esperando a
que llegara la ayuda. Me pareció una eternidad, pero
finalmente **apareció** una ambulancia. Los paramédicos
se apresuraron a entrar y comenzaron a trabajar en
el hombre. Rápidamente determinaron que estaba
herido y que había que llevarlo al **hospital**. Mi amigo
y yo nos sentimos aliviados de que la ayuda hubiera
llegado y de que el hombre fuera a ponerse bien.
Terminamos nuestra comida y seguimos con nuestro
día, agradecidos de que al final todo saliera bien.

Domande di comprensione

1. Da dove viene l'uomo che cade dal tetto?

2. Perché la donna è con la sua amica nel caffè?

3. Qual è il caffè preferito dai due amici?

4. Da quanto tempo i due amici si conoscono?

5. Qual è la bevanda preferita dai due amici?

6. In quale città vivono i due amici?

7. Quanto spesso si incontrano i due amici?

8. Di cosa parlano i due amici quando si incontrano per la prima volta nel loro caffè preferito?

9. Qual è il cibo preferito dai due amici?

10. Perché è così facile parlare con Lily?

Preguntas de comprensión

1. ¿De dónde viene el hombre que cae por el tejado?

2. ¿Por qué está la mujer con su amiga en el café?

3. ¿Cuál es el café favorito de los dos amigos?

4. ¿Desde cuándo se conocen los dos amigos?

5. ¿Cuál es la bebida favorita de los dos amigos?

6. ¿En qué ciudad viven los dos amigos?

7. ¿Con qué frecuencia se encuentran los dos amigos?

8. ¿De qué hablan los dos amigos cuando se encuentran por primera vez en su café favorito?

9. ¿Cuál es la comida favorita de los dos amigos?

10. ¿Por qué es tan fácil hablar con Lily?

Andare a nuotare

La piscina era sempre un luogo **rinfrescante** e oggi
non era diverso. Il sole splendeva e l'acqua sembrava
invitante. Feci un respiro profondo e mi tuffai, sentendo
il fresco abbraccio dell'acqua. Nuotai per un po',
godendomi l'esercizio e la possibilità di schiarirmi le
idee. Dopo un po' uscii e mi asciugai, poi mi sedetti
su un asciugamano per rilassarmi al sole. Chiusi gli
occhi e lasciai che il **calore** mi avvolgesse, sentendo
i miei muscoli iniziare a rilassarsi. All'improvviso
sentii uno spruzzo e aprii gli occhi per vedere la mia
sorellina **che sguazzava** nel basso fondale. Sorrisi
e la osservai per un po', poi mi alzai e mi avvicinai a
lei. Chiacchierammo per un po' e pagaiarono insieme,
godendo della reciproca compagnia. Presto i nostri
genitori ci raggiunsero e passammo il resto del
pomeriggio nuotando e giocando insieme. Era sempre
così bello passare del tempo con la famiglia in piscina.
C'è **qualcosa** nello stare in acqua che sembra unire le
persone. Forse perché quando siamo in acqua siamo
tutti uguali, non possiamo nascondere i nostri difetti
o fingere di essere ciò che non siamo. O forse è solo
perché è divertente! **Qualunque sia** la ragione, mi ha
fatto piacere che ci siamo riuniti tutti insieme e che ci
siamo goduti la reciproca compagnia in un luogo così
speciale.

Il sole batteva sulla mia pelle e l'odore di cloro era
nell'aria. Sentivo il rumore dei bambini che ridevano e
sguazzavano nella piscina. Ero sdraiata su una sedia

Ir a nadar

La piscina siempre era un lugar **refrescante**, y hoy no era diferente. El sol brillaba y el agua parecía atractiva. Respiré profundamente y me zambullí, sintiendo el fresco abrazo del agua. Nadé un rato, disfrutando del ejercicio y de la oportunidad de despejar la cabeza. Después de un rato, salí y me sequé, y me senté en una toalla para relajarme al sol. Cerré los ojos y dejé que el **calor** me bañara, sintiendo que mis músculos empezaban a relajarse. De repente, oigo un chapoteo y abro los ojos para ver a mi hermana pequeña **remando** en la parte menos profunda. Sonreí y la observé durante un rato, luego me levanté y me acerqué a ella. Charlamos un rato y remamos juntas, disfrutando de la compañía de la otra. Pronto se unieron nuestros padres y pasamos el resto de la tarde nadando y jugando juntos. Siempre es muy agradable pasar tiempo con la familia en la piscina. Hay **algo** en el agua que parece unir a la gente. Tal vez sea porque todos somos iguales cuando estamos en el agua, no podemos ocultar nuestros defectos ni fingir lo que no somos. O tal vez porque es divertido. **Cualquiera que sea** la razón, me alegro de que hayamos podido reunirnos y disfrutar de la compañía de los demás en un lugar tan especial.

El sol golpeaba mi piel y el olor a cloro estaba en el aire. Oigo el sonido de los niños riendo y chapoteando en la piscina. Estaba tumbada en una tumbona junto a la piscina, tomando el sol y **disfrutando** del día. Tenía los ojos cerrados y estaba a punto de dormirme cuando

a **sdraio** accanto alla piscina, a prendere il sole e a **godermi la** giornata. Avevo gli occhi chiusi e stavo per addormentarmi quando sentii qualcuno avvicinarsi a me. Aprii gli occhi e vidi una donna in piedi accanto a me. Indossava un bikini e aveva un asciugamano avvolto intorno alla vita. Aveva lunghi capelli biondi e occhi azzurri. Aveva in mano un flacone di **crema solare**. "Ti dispiace se ti metto un po' di crema solare sulla schiena?", mi chiese. "No, va bene", risposi, sedendomi in modo che potesse raggiungermi la schiena. Sentii le sue mani sulla mia pelle mentre applicava la crema solare.

Il suo tocco era delicato e il profumo della crema solare era rilassante. Chiusi di nuovo gli occhi e mi rilassai. Sentivo il **rumore** dei suoi movimenti, ma non aprii gli occhi. Mi accontentai di stare sdraiato al sole, ascoltando il rumore delle onde **che si infrangevano** sulla riva. Dopo qualche minuto si allontanò e io aprii gli occhi. La guardai mentre tornava alla sua poltrona e prendeva il suo libro. Si sistemò sulla sedia e iniziò a leggere. Chiusi di nuovo gli occhi e mi lasciai andare al sonno. **Sognai** che stavo nuotando in piscina, facendo dei giri avanti e indietro. L'acqua era rinfrescante e fresca sulla mia pelle. Sentivo il sole sul viso e il calore dell'acqua che mi circondava. Nuotai per ore, finché alla fine raggiunsi l'altro lato della piscina e uscii. Mi asciugai e mi sdraiai sulla mia sedia a sdraio. Sentii qualcuno sedersi accanto a me e aprii **gli occhi** per vedere la donna di prima. Mi porse una bibita fresca e ci sedemmo insieme, godendoci il sole e la reciproca compagnia.

oí que alguien se acercaba a mí. Abrí los ojos y vi a una mujer de pie junto a mí. Llevaba un bikini y una toalla alrededor de la cintura. Tenía el pelo largo y rubio y los ojos azules. Llevaba un bote de **crema solar** en la mano. "¿Te importa si te pongo un poco de crema solar en la espalda?", me preguntó. "No, está bien", dije, sentándome para que pudiera alcanzar mi espalda. Sentí sus manos en mi piel mientras me aplicaba el protector solar.

Su tacto era suave y el aroma de la crema solar era relajante. Volví a cerrar los ojos y me relajé. Podía oír el **sonido** de sus movimientos, pero no abrí los ojos. Me contenté con estar tumbado al sol, escuchando el sonido de las olas **que** chocaban contra la orilla. Después de unos minutos, se alejó y abrí los ojos. La observé mientras volvía a su tumbona y cogía su libro. Se acomodó en su silla y empezó a leer. Volví a cerrar los ojos y me dejé llevar por el sueño. **Soñé** que nadaba en la piscina, dando vueltas de un lado a otro. El agua era refrescante y fresca en mi piel. Podía sentir el sol en mi cara y el calor del agua rodeándome. Nadé durante lo que **me parecieron** horas, hasta que finalmente llegué al otro lado de la piscina y salí. Me secé con una toalla y me tumbé en la tumbona. Sentí que alguien se sentaba a mi lado y abrí **los ojos** para ver a la mujer de antes. Me dio una bebida fría y nos sentamos juntos, disfrutando del sol y de la compañía del otro.

Domande di comprensione

1. Dove si trovava il narratore quando ha iniziato la storia?

2. Che odore sente il narratore quando apre gli occhi?

3. Cosa sente il narratore quando apre gli occhi?

4. Di chi è la crema solare che la donna dà al narratore?

5. Che cosa sogna il narratore?

6. Perché il bagno in mare è così speciale per il narratore?

7.Come si sente l'acqua in cui nuota il narratore?

8. Cosa vede il narratore quando esce dall'acqua?

9. Cosa fa la donna dopo aver messo la crema solare al narratore?

Preguntas de comprensión

1. ¿Dónde estaba el narrador cuando comienza la historia?

2. ¿Qué huele el narrador cuando abre los ojos?

3. ¿Qué oye el narrador cuando abre los ojos?

4. ¿De quién es el protector solar que le da la mujer al narrador?

5. ¿Con qué sueña el narrador?

6. ¿Por qué nadar en el mar es tan especial para el narrador?

7. ¿Cómo se siente el agua en la que nada el narrador?

8. ¿Qué ve el narrador cuando sale del agua?

9. ¿Qué hace la mujer después de ponerle el protector solar al narrador?

Tagliare il prato

Sono le 10 del mattino di un **sabato** estivo e il sole picchia già senza pietà. Si va in garage a prendere il tosaerba, con la sensazione di essere **condannati** ai lavori forzati. Iniziate a tagliare il prato, facendo attenzione ad andare piano per non perdere nessun punto. Mentre si taglia, si pensa a quanto sia bello stare all'aria aperta. Mentre iniziate a spingere il tosaerba avanti e indietro sul prato, con la coda dell'**occhio** vedete il vostro vicino. Lo salutate con la mano e lui ricambia.

Dopo qualche minuto, avete finito e vi recate a casa del vostro vicino per bere una birra con lui nel giardino davanti a casa. È una giornata **perfetta**: non fa troppo caldo e soffia una leggera brezza. Ci si siede all'ombra dell'albero, sorseggiando la birra e chiacchierando con il vicino. Sono giornate come questa che fanno apprezzare l'estate. Poi si **entra** in casa per una meritata birra. Ci si sdraia su una sedia del portico e si apre la lattina, tirando un sospiro soddisfatto. Il rumore del tosaerba passa in secondo piano mentre vi rilassate all'ombra, godendovi la **tranquillità del** momento. La birra ha un sapore ancora più buono dopo tutto quel duro lavoro al caldo. Stavo per rientrare in casa quando sentii un rumore nella stanza accanto.

Sembrava che qualcuno stesse piangendo. Smisi di falciare e mi avvicinai alla recinzione che separava i nostri cortili. Mi affacciai e vidi la mia vicina, la signora Johnson, che piangeva sul dondolo del suo portico.

Cortar el césped

Son las 10 de la mañana de un **sábado** de verano y el sol ya está pegando sin piedad. Te diriges al garaje para coger el cortacésped, con la sensación de estar **condenado** a realizar trabajos forzados. Empiezas a cortar el césped, asegurándote de ir despacio para no perder ningún punto. Mientras cortas, piensas en lo bien que te sientes al aire libre. Cuando empiezas a empujar el cortacésped de un lado a otro del césped, ves a tu vecino de **reojo**. Le saludas con la mano y él te devuelve el saludo.

Después de unos minutos, has terminado y te diriges a la casa de tu vecino para tomar una cerveza con él en el jardín delantero. Es un día **perfecto**: no hace demasiado calor y sopla una suave brisa. Te sientas a la sombra del árbol, bebes tu cerveza y charlas con tu vecino. Son días como éste los que te hacen apreciar el verano. Luego entras a tomar una merecida cerveza. Te tumbas en una silla del porche y abres la lata, dejando escapar un suspiro de satisfacción. El sonido del cortacésped pasa a un segundo plano mientras te relajas a la sombra, disfrutando de la **tranquilidad del** momento. La cerveza sabe muy bien después de todo el trabajo duro en el calor. Estaba a punto de entrar cuando oigo un ruido en la puerta de al lado.

Parecía que alguien estaba llorando. Dejé de cortar el césped y me acerqué a la valla que separaba nuestros patios. Me asomé y vi a mi vecina, la señora Johnson, llorando en el columpio de su porche. La llamé, pero

La chiamai, ma non mi sentì. Scavalcai la recinzione e mi avvicinai a lei. "Signora Johnson, sta bene?". Le chiesi. Lei mi guardò con le lacrime agli occhi e scosse la testa. "No, non sto bene", disse. "Ieri è morto il mio gatto". Ero scioccato. Non sapevo cosa dire. Rimasi lì impacciato, senza sapere cosa fare. Alla fine le misi una mano sulla **spalla** e dissi: "Mi dispiace molto, signora Johnson. Se posso fare qualcosa per aiutarla, me lo faccia sapere". "Lei scosse la testa e disse: "No, nessuno può fare **niente**". Poi si alzò ed entrò in casa sua. Rimasi lì per un momento, senza sapere cosa fare. Poi tornai a tagliare il prato. Mentre finivo, non potei fare a meno di pensare alla signora Johnson e al suo gatto.

no me oyó. Trepé por la valla y me acerqué a ella. "Sra. Johnson, ¿está usted bien?" le pregunté. Me miró con lágrimas en los ojos y negó con la cabeza. "No, no estoy bien", dijo. "Mi gato murió ayer". Me sorprendió. No sabía qué decir. Me quedé de pie, sin saber qué hacer. Finalmente, le puse la mano en **el hombro** y le dije: "Lo siento mucho, señora Johnson. Si hay algo que pueda hacer para ayudar, por favor hágamelo saber". "Ella negó con la cabeza y dijo: "No, **no hay nada** que nadie pueda hacer". Luego se levantó y entró en su casa. Me quedé allí un momento, sin saber qué hacer. Luego volví a cortar el césped. Mientras terminaba, no pude evitar pensar en la señora Johnson y su gato.

Domande di comprensione

1. Che ora è?

2. Dove si trova la persona che sta falciando?

3. Come si sente la persona?

4. Perché la persona deve falciare lentamente?

5. Che tempo fa?

6. Cosa fa la persona dopo la falciatura?

7. Cosa sente la persona prima di tornare a casa?

8. Chi è con la signora Johnson?

9. Perché la signora Johnson piange?

10. Cosa dice la persona alla signora Johnson?

Preguntas de comprensión

1. ¿Qué hora es?

2. ¿Dónde está la persona que corta el césped?

3. ¿Cómo se siente la persona?

4. ¿Por qué hay que segar despacio?

5. ¿Qué tiempo hace?

6. ¿Qué hace la persona después de segar?

7. ¿Qué oye la persona antes de irse a casa?

8. ¿Quién está con la Sra. Johnson?

9. ¿Por qué llora la Sra. Johnson?

10. ¿Qué le dice la persona a la Sra. Johnson?

Tagliarsi i capelli

Erano settimane che volevo tagliarmi i capelli, ma in qualche modo riuscivo sempre a rimandare. Ma con il **Natale** alle porte, sapevo che non potevo più rimandare. Non volevo presentarmi alla cena di Natale della mia famiglia con un aspetto trasandato. Così, la mattina presto di Natale, mi sono recata al salone. Anche se era presto, il salone era già pieno di gente che **si faceva** fare i capelli per le feste. Presi posto nella fila e aspettai il mio turno. Finalmente arrivò il mio turno sulla poltrona. La parrucchiera, una donna gentile di nome Jill, mi chiese cosa volessi. "Solo una spuntatina, niente di troppo drastico", risposi. Jill si mise al lavoro, tagliando i miei capelli. Mentre lavorava, cominciai a rilassarmi. Mi sentivo bene a prendermi finalmente cura di me stessa. Ultimamente ero stata così occupata a correre in giro per prendermi cura di tutti gli altri, che avevo lasciato cadere in secondo piano i miei bisogni. Ma **ora** non **più**. D'ora in poi avrei trovato il tempo per me stessa.

Quando Jill ha finito, mi sono guardata allo specchio e sono rimasta soddisfatta di ciò che ho visto. I miei capelli avevano un aspetto ordinato e curato, perfetto per le feste. **Ringraziai** Jill e presi **nota** di tornare più spesso. D'ora in poi mi prenderò cura di me stessa prima di tutto. Si mise al lavoro per tagliare i miei capelli. Pensai a quanto fossi grata di essermi finalmente decisa a tagliarmi i capelli. Era bello sapere che sarei stata presentabile per la **cena** di Natale.

Cortarse el pelo

Llevaba semanas queriendo cortarme el pelo, pero siempre me las arreglaba para posponerlo. Pero con **la Navidad a** la vuelta de la esquina, sabía que no podía posponerlo más. No quería llegar a la cena de Navidad de mi familia con un aspecto desaliñado. Así que, a primera hora de la mañana de Navidad, me dirigí a la peluquería. Aunque era temprano, la peluquería ya estaba ocupada con otras personas que se **estaban** peinando para las fiestas. Me puse en la cola y esperé mi turno. Finalmente, me tocó el turno de la silla. La estilista, una amable mujer llamada Jill, me preguntó qué quería. "Sólo un recorte, nada demasiado drástico", respondí. Jill se puso a trabajar, recortando mi pelo. Mientras trabajaba, empecé a relajarme. Me sentí bien por fin cuidando de mí misma. Últimamente había estado tan ocupada, corriendo de un lado a otro cuidando de los demás, que había dejado de lado mis propias necesidades. Pero **ya** no. A partir de ahora, iba a sacar tiempo para mí.

Cuando Jill terminó, me miré en el espejo y quedé satisfecha con lo que vi. Mi cabello se veía ordenado y pulido, perfecto para las reuniones navideñas. **Le di las gracias a Jill** y tomé nota de que volvería más a menudo. A partir de ahora, lo primero que haré será cuidarme a mí misma. Se puso a trabajar cortando mi cabello. Pensé en lo agradecida que estaba de haberme cortado el pelo por fin. Me sentí bien al saber que estaría presentable para la **cena de** Navidad.

Non avrei più dovuto preoccuparmi che la mia famiglia
mi prendesse in giro per il mio aspetto "trasandato".
Dopo qualche minuto, la parrucchiera finì di tagliarmi
i capelli e mi diede una rapida asciugata. Mi guardai
allo specchio e fui felice di ciò che vedevo: un look
pulito che sarebbe stato perfetto per la cena di Natale.
Ora che il taglio di capelli era stato superato, potevo
concentrarmi sulle vacanze con la mia famiglia. Ed ero
ancora più grata per questo.

Mi sentivo così **libera** e adoravo l'aspetto del mio nuovo
taglio di capelli. Dopo aver pagato il taglio, sono tornata
a casa e ho iniziato a fare i bagagli per il mio viaggio.
Non vedevo l'ora di mostrare il mio nuovo look alla
mia famiglia e ai miei amici. Sapevo che sarebbero
rimasti sorpresi quando mi avrebbero visto. Il giorno
del volo sono arrivata all'aeroporto con molto tempo
a disposizione. Ho passato i controlli di sicurezza
senza problemi e presto sono partita. Non appena
arrivai a destinazione, sentii l'eccitazione nell'aria. Il
Natale era decisamente nell'aria! La mia famiglia era
lì ad accogliermi all'aeroporto ed erano tutti stupiti del
mio nuovo taglio di capelli. Abbiamo trascorso i giorni
successivi a **chiacchierare** e a goderci la reciproca
compagnia. La vigilia di Natale siamo andati in chiesa
e abbiamo cantato tutti insieme. È stata una festa
perfetta. Sono così felice di essermi tagliata i capelli
prima di andare in vacanza. Ha reso l'intera esperienza
ancora più speciale. Ogni volta che riguarderò le **foto**
di quel viaggio, ricorderò sempre quanto sia stato bello
liberarsi finalmente di tutti quei pesi morti e ricominciare
con un nuovo look.

Ya no tendría que preocuparme de que mi familia se burlara de mi aspecto "desaliñado". Después de unos minutos, el estilista terminó de cortarme el pelo y me secó rápidamente. Me miré en el espejo y me sentí feliz con lo que vi: un aspecto limpio que sería perfecto para la cena de Navidad. Ahora que mi corte de pelo había terminado, podía centrarme en disfrutar de las vacaciones con mi familia. Y estaba aún más agradecida por ello.

Me sentí muy **liberada** y me encantó el aspecto de mi nuevo corte de pelo. Después de pagar mi corte de pelo, me fui a casa y empecé a hacer la maleta para mi viaje. Me **moría de** ganas de enseñar mi nuevo look a mi familia y amigos. Sabía que se sorprenderían cuando me vieran. El día de mi vuelo, llegué al aeropuerto con tiempo de sobra. Pasé el control de seguridad sin problemas y pronto me puse en camino. En cuanto llegué a mi destino, pude sentir la emoción en el aire. Definitivamente, ¡la Navidad está en el aire! Mi familia estaba allí para recibirme en el aeropuerto, y todos estaban sorprendidos por mi nuevo corte de pelo. Pasamos los siguientes días **poniéndonos al** día y disfrutando de la **compañía de los** demás. En Nochebuena, fuimos todos juntos a la iglesia y cantamos villancicos. Fueron unas vacaciones perfectas. Me alegro mucho de haberme cortado el pelo antes de irme de vacaciones. Hizo que toda la experiencia fuera aún más especial. Cada vez que miro **las fotos** de ese viaje, siempre recuerdo lo bien que me sentí al deshacerme por fin de todo ese peso muerto y empezar de cero con un nuevo look.

Domande di comprensione

1. Che cosa doveva fare il protagonista prima di Natale?

2. Come si è sentita la protagonista nel prendersi cura di sé?

3. Chi ha tagliato i capelli al protagonista?

4. Perché la famiglia della protagonista la prendeva in giro?

5. Come si è sentita la protagonista dopo essersi tagliata i capelli?

6. Che cosa ha fatto la protagonista dopo essersi tagliata i capelli?

7. Qual è stata la reazione della famiglia della protagonista al suo taglio di capelli?

8. Che cosa ha fatto il protagonista la vigilia di Natale?

Preguntas de comprensión

1. ¿Qué tenía que hacer el protagonista antes de Navidad?

2. ¿Cómo se sentía la protagonista al cuidar de sí misma?

3. ¿Quién recortó el pelo del protagonista?

4. ¿Por qué la familia de la protagonista iba a burlarse de ella?

5. ¿Cómo se sintió la protagonista después de cortarse el pelo?

6. ¿Qué hizo la protagonista después de cortarse el pelo?

7. ¿Cuál fue la reacción de la familia de la protagonista ante su corte de pelo?

8. ¿Qué hizo el protagonista en Nochebuena?

Il parco

Il sole stava tramontando e il parco era vuoto. Mi sedetti sulla panchina ad aspettare la mia **amica**. Avevamo programmato di incontrarci qui un'ora fa, ma lei era sempre in ritardo. Proprio quando stavo per arrendermi e tornare a casa, la vidi correre verso di me.

"Mi dispiace tanto", ansimò quando raggiunse la panchina. "Il mio treno è **in ritardo**".

"Non c'è problema", dissi **con indulgenza**. "Sono appena arrivato anch'io".

Ci siamo seduti e abbiamo chiacchierato per un po', aggiornandoci sulle nostre vite dall'ultima volta che ci siamo visti. La conversazione è fluita **facilmente** e ci è sembrato che non fosse passato affatto del tempo dall'ultima volta che ci siamo visti. Al tramonto ci siamo salutati e abbiamo preso strade diverse. La volta successiva ci incontrammo in un altro parco. Anche in questo caso era in ritardo, ma non mi dispiaceva. Era bello avere qualcuno con cui parlare che mi **capisse**. Parlammo dei nostri sogni e delle nostre **aspirazioni**, delle cose che volevamo fare nella nostra vita. Lei mi parlò dei suoi progetti di viaggiare per il mondo e io le confidai il mio sogno di diventare scrittrice. Al tramonto di un altro giorno, ci siamo salutate ancora una volta, promettendo di tenerci in contatto questa volta.

Gli anni sono passati e la nostra **amicizia** è rimasta forte, anche se ora viviamo in zone diverse del Paese. Ci siamo tenute in contatto tramite lettere e telefonate occasionali, condividendo le notizie della nostra vita.

El parque

El sol se ponía y el parque estaba vacío. Me senté en el banco, esperando a mi **amiga**. Habíamos quedado aquí hace una hora, pero ella siempre llegaba tarde. Justo cuando estaba a punto de rendirme y volver a casa, la vi correr hacia mí.

"Lo siento mucho", jadeó al llegar al banco. "Mi tren se **retrasó**".

"Está bien", dije **con perdón**. "Acabo de llegar yo mismo".

Nos sentamos y charlamos un rato, poniéndonos al día de la vida de cada uno desde la última vez que nos vimos. La conversación fluye con **facilidad** y parece que no ha pasado nada de tiempo desde la última vez que nos vimos. Al ponerse el sol, nos despedimos y nos fuimos por caminos distintos. La siguiente vez que nos vimos fue en otro parque. De nuevo, llegó tarde, pero no me importó. Era agradable tener a alguien con quien hablar y que me **entendiera**. Hablamos de nuestros sueños y **aspiraciones**, de las cosas que queríamos hacer con nuestras vidas. Ella me contó sus planes de viajar por el mundo, y yo compartí mi sueño de convertirme en escritor. Al ponerse el sol un día más, nos despedimos una vez más, prometiendo que esta vez nos mantendríamos en contacto.

Pasaron los años y nuestra **amistad** siguió siendo fuerte, aunque ahora vivíamos en diferentes partes del país. Nos mantuvimos en contacto a través de cartas y llamadas telefónicas ocasionales, compartiendo

Quando annunciò che si sarebbe sposata, non ne fui **sorpreso**: era sempre stata un tipo **avventuroso**. Ma quando mi chiese di farle da damigella d'onore alla cerimonia di matrimonio che si sarebbe svolta dall'altra parte del mondo rispetto a dove vivevo... ci volle un po' per convincerla! Alla fine, però, non potevo permettere che la mia migliore amica si sposasse senza di me al suo fianco, così, nonostante le mie paure (e dopo molte suppliche da parte sua!), ho **accettato** di partecipare a quella che si è rivelata l'**avventura** di una vita.

Finalmente è arrivato il giorno del **matrimonio**. Ero nervosa, ma entusiasta di partecipare a un momento così importante della vita della mia amica. La cerimonia è stata bellissima e lei sembrava felice mentre pronunciava le sue promesse. **Dopo**, abbiamo festeggiato con una grande festa: sembrava che tutti i suoi conoscenti fossero venuti a festeggiare con lei! È stato un giorno **magico** che non dimenticherò mai, e la nostra amicizia si è rafforzata dopo quell'avventura. Ora, a distanza di anni, ci teniamo ancora in contatto. Siamo **cambiate** molto da quando ci siamo conosciute, ma la nostra amicizia è più forte che mai. Ogni volta che ci incontriamo, che sia in un parco o **dall'altra parte del** mondo, sembra che il tempo non sia mai passato.

noticias de nuestras vidas. Cuando anunció que se iba a casar, no me **sorprendió**, ya que siempre había sido una **aventurera**. Pero cuando me pidió que fuera su dama de honor en la ceremonia de su boda, que se celebraba al otro lado del mundo desde donde yo vivía... ¡hubo que convencerla! Al final, no podía dejar que mi mejor amiga se casara sin estar a su lado, así que, a pesar de mis temores (¡y tras muchas súplicas por su parte!), acepté acompañarla en lo que resultó ser la **aventura** de su vida.

Por fin llegó el día de la **boda**. Estaba nerviosa, pero emocionada por formar parte de un momento tan importante en la vida de mi amiga. La ceremonia fue preciosa, y ella parecía feliz mientras decía sus votos. **Después**, lo celebramos con una gran fiesta: ¡parecía que todos sus conocidos habían venido a celebrarlo con ella! Fue un día **mágico** que nunca olvidaré, y nuestra amistad no hizo más que fortalecerse después de aquella aventura. Ahora, años después, seguimos en contacto. Las dos hemos **cambiado** mucho desde que nos conocimos, pero nuestra amistad es tan fuerte como siempre. Cada vez que nos encontramos, ya sea en un parque o en **el otro lado del mundo**, parece que no ha pasado el tiempo.

Domande di comprensione

1. Dove si sono incontrati per la prima volta l'autrice e la sua amica?

2. Perché l'amico dell'autore è arrivato in ritardo all'incontro?

3. Di che cosa hanno parlato gli amici quando si sono rivisti anni dopo?

4. Come si è sentita l'autrice ad assistere alla cerimonia di matrimonio della sua amica?

5. Descrivete l'ambientazione della cerimonia nuziale.

6. Come è cambiata l'amicizia tra le due donne nel corso del tempo?

7. Qual è il sogno dell'autore?

8. Dove intende viaggiare l'amico dell'autore?

9. Perché l'autrice ha esitato a partecipare alla cerimonia di matrimonio della sua amica?

Comprehension Questions

1. ¿Dónde se conocieron la autora y su amiga?

2. ¿Por qué el amigo del autor llegó tarde a su reunión?

3. ¿De qué hablaron los amigos cuando se reencontraron años después?

4. ¿Cómo se sintió la autora al asistir a la ceremonia de la boda de su amiga?

5. Describe el escenario de la ceremonia de la boda.

6. ¿Cómo ha cambiado la amistad entre las dos mujeres a lo largo del tiempo?

7. ¿Cuál es el sueño del autor?

8. ¿Dónde piensa viajar el amigo del autor?

9. ¿Por qué la autora dudaba en asistir a la ceremonia de boda de su amiga?